U0945260

编委会

主　编： 何卫华

副主编： 吴香珍　林　峰　腾春玉　于家宏

编　委： 吴艺强　林伟杰　王五虎　项义方

吕友义　陈龙木　张晓萍　梁彩霞

田　泽　吴小雅　黄元碧　柯亦强

吴小玲　邹　杰　张苏功　林　颖

鲁小卉　蓝碧议

天天向上

——从南洋走出的学子们

To be better

Graduates from Xiamen Nanyang University

◎ 何卫华　主编

厦门大学出版社
XIAMEN UNIVERSITY PRESS
国家一级出版社
全国百佳图书出版单位

图书在版编目(CIP)数据

天天向上:从南洋走出的学子们/何卫华主编.—厦门:厦门大学出版社,2020.11
ISBN 978-7-5615-7971-8

Ⅰ.①天… Ⅱ.①何… Ⅲ.①厦门南洋学院—毕业生—先进事迹 Ⅳ.①K820.7

中国版本图书馆 CIP 数据核字(2020)第 217367 号

出 版 人 郑文礼
责任编辑 郑 丹

出版发行 厦门大学出版社
社 址 厦门市软件园二期望海路 39 号
邮政编码 361008
总 机 0592-2181111 0592-2181406(传真)
营销中心 0592-2184458 0592-2181365
网 址 http://www.xmupress.com
邮 箱 xmup@xmupress.com
印 刷 厦门集大印刷厂

开本 720 mm×1 000 mm 1/16
印张 10.25
插页 2
字数 180 千字
版次 2020 年 11 月第 1 版
印次 2020 年 11 月第 1 次印刷
定价 42.00 元

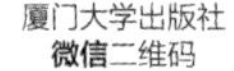

厦门大学出版社
微博二维码

奋斗之念永驻

鲁加升

忧劳可以兴国，逸豫可以亡身。拼搏奋斗才是生存状态与生命价值的要义，也是南洋英才薪火相传之本真。

风雨二十载，弹指一挥间。一批批风华正茂的学子，铭记南洋魂，同筑中国梦，在祖国四面八方、寰球五洲四洋奋发图强，建功立业，正淬炼成为或已经成为社会英才和行业骨干。本书所记录的，就是这些英才、骨干的领头雁和排头兵。他们中，有自主创业的成功者，也有就业岗位的佼佼者；有行业领域弄潮儿，也有专业技能领航人；有身残志坚的典型，也有见义勇为的楷模。他们追求的事业和憧憬的未来不同，但拼搏的精神、用功的底色和劳动的“质地”都相同。因为他们都是南洋培育的奋斗者。

回眸过往，从五湖四海欢聚南洋和从南洋星散五湖四海，除了上述少数代表，还有更多学子。他们也是歌曲《国际歌》《爱拼才会赢》的三载熏陶者、肺腑感召者和忠实传唱人；他们也曾在翔鹰的摇篮中畅想过、追逐过、努力过；他们也曾在拓荒牛的芳草地挥斥方遒，挥洒青春，挥手作别。

放眼未来，生命之树常青，奋斗之念永驻。南洋来者生生不息，源源不断，他们也将心存脚踏实地情，怀抱高飞万里梦，继续唱响生命奋斗曲，埋头奋进、昂首向前。

天南地北南洋人，前赴后继写华章。南洋建校20周年着意编写此书，既为纪念，又为鼓劲，还是鞭策，旨在吹花送远香、风飘万里，以文化人：勤奋、求实、拼搏、向上。

是为序。

2020年8月

目　　录

在南洋，完成人生最重要的蜕变——吴炳辉 …… 1
走得再远，都不会忘记是从南洋出发——郑智勇 …… 5
一盏心灯，让前行的路充满光和热——李　彬 …… 9
南洋深情铭记心中——鲁　苏 …… 13
“不走寻常路”的亚洲小姐——王　磊 …… 15
天道酬勤，业不负人——吴　旭 …… 17
赠人玫瑰，手留余香——张良健 …… 19
感悟人生路　回报母校情——李宝煌 …… 21
南洋学子当自强，不惧艰险闯天路——叶建凡 …… 24
披荆斩棘，只为生命而歌——林　婕 …… 28
心系南洋母校，不负岁月芳华——郭阿容 …… 31
南洋吐蕊，莆田争流——林　博 …… 34
面朝大海，春暖花开——郭　华 …… 37
精彩，永不落幕——李　杰 …… 40
渠清如许，为有源头活水——邱海利 …… 43
执着追梦，无怨无悔——杜　梦 …… 46
奋斗的青春最美丽——钟建全 …… 49
遇见与守望——蔡君杰 …… 53
方正做人，圆梦人生——欧阳清圳 …… 56
历练是人生最大的财富——陈玉辉 …… 59
让更多的人感受爱与温暖——林雨霁 …… 61
经历风雨，只为明天更好——方添耀 …… 64

规划未来，勇往直前——范　晔 …………………………………………… 67
铭记感恩之心，点亮希望之光——郑宗忆 ………………………………… 70
情系母校，反哺家乡——洪耀明 …………………………………………… 73
现在的快乐学习，曾经的天天向上——廖倩威 …………………………… 76
栉风沐雨，方能破茧成蝶——吴美琼 ……………………………………… 80
桃李不言，自有风雨话沧桑——曾永锋 …………………………………… 83
不放弃，总有一盏灯为你而亮——林　航 ………………………………… 87
有梦想谁都了不起——赖惠艺 ……………………………………………… 89
人生灯塔，照我前行——曾志豪 …………………………………………… 91
饮水思源，续写华章——陈益洲 …………………………………………… 94
南洋，渲染一路的春天——李亚伟 ………………………………………… 97
学业终有成，十年磨一“剑”——赵百剑 ………………………………… 99
梦想之花，绽放光芒——曾浚英…………………………………………… 102
在“折腾”中找寻与发展自我——林志敏 ……………………………… 106
青春奉献南洋——向　洁…………………………………………………… 109
感恩南洋，助我成长——张　鹏…………………………………………… 113
亲爱的南洋，好久不见——卢志刚………………………………………… 116
莫等闲，白了少年头——吴铭哲…………………………………………… 118
感恩南洋，感恩魔都——谢道育…………………………………………… 121
机会总是留给有准备的人——许文益……………………………………… 123
认准方向，执着前行——蒲俊杰…………………………………………… 127
不负韶华的优秀学子——秦雪丽…………………………………………… 130
致敬母校，扬帆起航——林　伟…………………………………………… 133
我的青春在南洋——吴亚慧………………………………………………… 135
那年，那事，那人——杨少远……………………………………………… 138
南洋教会我成长——王一名………………………………………………… 141
梅花香自苦寒来——郑明利………………………………………………… 144
不经历风雨，怎能见彩虹——张　璇……………………………………… 146
追逐梦想，脚踏实地更长久——陈铭权…………………………………… 149
守得云开见月明——朱坤彬………………………………………………… 152
人间自有真情在——蔡志扬………………………………………………… 154
母校授她“勤”字诀——章　卿 ………………………………………… 156

在南洋，完成人生最重要的蜕变

“南洋给了我不一样的人生，我也要给母校不一样的回报。”在厦门南洋学院迎来20周年校庆之际，2008届计算机信息管理专业毕业生、冠军时代（福建）照明股份有限公司总经理吴炳辉，把自己精心收藏的一批价值500万元的名家名画捐献给母校。这也成为刚刚建立的南洋学院美术馆收到的第一批藏品。

南洋“不一样”

“一所民办高校拥有专门的美术馆，全国有几所高校能做到?”在吴炳

2005级计算机信息管理专业　吴炳辉

辉心中，母校南洋学院一直就是非常不一样的存在。他非常愿意为“不一样”的南洋做些特别的事情——把自己收藏的近 30 幅绘画艺术精品捐献给母校。

之所以这样做，是因为正是在南洋，吴炳辉才完成了人生最重要的蜕变，拥有了不一样的人生。

吴炳辉从小就习练书法，年少时因书法也获得了不少奖项。但在入学南洋学院之前，书法只是他个人默默习练的业余爱好，2005 年入学之后，书法才真正让他熠熠发光。

进入南洋学院没多久，吴炳辉就因为自己的书法特长当选为校学生会宣传部部长，同时，他也成为校书法协会的会长，在南洋结识了一群志同道合的书法爱好者。

这是过去的吴炳辉从未想过的情景。“南洋真正给了我施展才华的舞台。”吴炳辉记得，入学后，他真的被南洋极为活跃的学生社团组织、极为丰富多彩的学生社团活动震撼了。

学校不但支持学生成立社团发展各种兴趣爱好，还给了学生们极大的施展空间和切实的帮助。

比如，对吴炳辉所在的书法协会，学校不但专门提供了一间非常大的教室作为书法协会的活动场地，还提供笔墨纸砚专项资金使会员们可以专心练习。

此外，对于书法协会把校外的专业书法家、书法老师“请进来”做讲座做指导，组织会员“走出去”到其他高校或者社会上去做书法交流，学校也是一路绿灯。

不仅是书法协会，文学社、广播站、社会实践部、勤工俭学部……吴炳辉看到，几乎所有的学生社团在南洋的组织和活动都是蓬蓬勃勃的，大家都干劲十足，拼命发掘、施展才能。

吴炳辉在南洋求学时，被评为“市级优秀学生干部”“市级优秀毕业生”，成为福建省青年人才协会书法拔尖会员、厦门青年书法家协会会员、厦门硬笔书法协会会员……

吴炳辉在南洋最高光的时刻，就是大二那年成功牵头举办了首届厦门大学生书法联赛。

从发起包括厦门大学、集美大学等八所高校参与，到收集参赛作品、邀请知名书法家担任评委，之后联系各校场地办巡展……整个活动，从头到尾，南洋学院都给了吴炳辉最鼎力的支持。

南洋求学成为吴炳辉最重要的人生转折点，给了他长袖善舞的舞台，成就了他，他笃定地说："没有南洋，就没有现在的我。"

吴炳辉觉得，自己的知识储备、眼界格局以及组织领导、协商沟通等各项能力就是在南洋这样挥洒自如地组织社团活动的过程中，扎实培养起来的。

这些能力让他有了毕业之后就创业的底气。

"南洋精神"

除了在南洋历练出来的能力，吴炳辉觉得在南洋亲身感受到了永远奋发向上、始终开拓进取的"南洋精神"也是他创业的重要底气来源。

可以说，如果不是在南洋求学接触到了以鲁加升校长为核心的拼命的南洋教师群体，他很可能不会走上创业这条道路。

在吴炳辉看来，鲁加升就是"南洋精神"的最佳示范：那么儒雅有才，那么视野开阔，还那么关爱学生，那么勤奋努力……

在校的时候，鲁校长是青年，十多年过去，南洋学院已经建设成为全国知名的民办高校，鲁校长也人到中年，但无论什么时候见到他和他带领的南洋团队，始终神采奕奕，永远都在谈怎么把南洋建设得更好，再上新台阶。

创业的时候，吴炳辉把鲁校长作为自己的榜样，决心要脚踏实地、勤奋拼搏，也要视野开阔、目标远大。

他进入 LED 照明行业，基于两点考虑：首先，厦门是全国四大 LED 半导体中心基地之一，具有先天产业优势；其次，这是一个新兴行业，产业发展空间比较大。

创立冠军照明之后，他很快就制定出了"立足福建、发展全国、走向世界"的营销战略，按照国际一线品牌标准构建了品牌、营销系统及企业文化建设体系。

经过十多年的发展，冠军照明年销售额已近 1 亿，除了厦门的产品研发中心、品牌运营中心，还在广东中山建立了生产基地及仓储物流中心。如今，冠军照明的产品已涵盖商业照明、办公照明、工业照明、家居照明等多种光源电器。接下来他还将着手打造冠军照明产业园。

特别值得一提的是，因为对艺术和艺术品的热爱，吴炳辉充分发挥了在艺术领域的积累，主导研发了一系列的专门针对美术馆、博物馆的专业高端的灯具。

冠军照明在整体设计及艺术照明这样的细分领域，已经走到了全国前列，但吴炳辉不会停止继续前进的步伐。从南洋毕业后，吴炳辉每年都还会专门安排四十天的学习时间，精进各种专业知识，他继续学习的身影已经留在了厦门大学、中国美术学院、荣宝斋画院、北京大学……

奋发向上，不断进取，精益求精，吴炳辉早已把自己理解的“南洋精神”刻在骨子里。

南洋“暖流”

创业后，吴炳辉才意识到，南洋学院关心关注南洋学子，远不止在学校。

吴炳辉公司的照明业务经常和大型市政工程合作，需要大额垫资。创业第四年，正当吴炳辉为刚取得的大型市政工程的启动资金感到头疼的时候，一笔来自南洋学院的 100 万创业基金解了他的燃眉之急。

“都已经离开学校好几年了，学校还那么关心自己，给了这么大力度的支持。”这个巨大的惊喜，如同一股暖流袭来，让吴炳辉觉得格外温暖。

吴炳辉意识到，在关心帮助学生这件事上，南洋学院是动真格的，这点其他学校真的没法比。

只要有机会，校长会经常在各种场合给创业的南洋学子“打广告”、做宣传。吴炳辉的一些客户就来自学校校领导及老师们的热心介绍和义务宣传。

据吴炳辉得知，南洋学院的各种采购，有一条不成文的规定，如果是有南洋学子在做的相关行业，会在预算内优先考虑学生的产品或服务。

南洋学院还积极发起成立各地的校友会，搭建校友们沟通互助的桥梁。

在学校有挥洒才华的舞台，出校门有真金白银的支持，“还有比这更暖人心的吗?”

吴炳辉格外珍惜时间。他觉得，对于他这样的南洋学子来说，无论是在南洋还是离开南洋的日子，都太宝贵了，只有好好珍惜，兢兢业业，才不辜负母校这如始终奔涌向前的暖流的存在。

走得再远，都不会忘记是从南洋出发

2020 年 9 月 8 日，被盛赞为 2020 厦洽会“思想之光”的财富论坛，在厦门国际会展中心盛大开幕。和以往数届一样，厦门南洋学院校长鲁加升再次以贵宾身份受邀出席。

一手打造这个福建省唯一年度财经类高端论坛的，正是 2004 年毕业于南洋学院的杰出校友、《财富经济》杂志社长、厦门慧赢科技有限公司董事长郑智勇。

“人生每一个重要的时刻，我都愿意和南洋分享。”郑智勇动容地说。

2001 级电子商务专业　郑智勇（右）
（图为郑智勇校友向母校捐献创业基金）

他早已经把南洋学院当成自己的家，走得累了，会想回来寻找动力，走得再远，都不会忘记。

光荣与梦想

除了在厦门做起第一个财经类高端论坛，郑智勇也第一个把福建的文化企业带到上海股权托管交易中心挂牌。2014 年 6 月 30 日，慧赢（上海）文化传播股份公司在上海股交所挂牌。鲁加升校长受邀出席了挂牌仪式。时任厦门市委宣传部副部长兼市委文明办主任的黄鹤麟，在挂牌仪式上表示，郑智勇的成长说明民办大学一样可以培养出优秀的人才。

这是郑智勇至今难忘的一幕。提起南洋学院，他从来都是感激和感动，也满是骄傲和自豪。

来自莆田农村的郑智勇，最初是被南洋学院“坐落在美丽的厦门，还有他非常想学的计算机专业”所吸引，但很快，他就被校长鲁加升及其带领的教工团队所征服。“鲁校长他们是真的把每一个学生当成自己的孩子啊”。

入学时，学校刚成立，只有 1000 多人，仅有的一幢校舍是由厂房改造的，老师同学们学习生活都在一栋楼里，郑智勇和其他同学十人一间宿舍，三年都没有洗到过一次热水澡……条件比较艰难，但他在这里体会到了前所未有的踏实感。

一开学，看上去儒雅又平易近人的鲁校长就把两部手机的号码都告诉给全校师生，说任何时候有任何问题都可以直接找他沟通解决。

在南洋三年，郑智勇发现，几乎随时随地都可以看到鲁校长的身影。每天，无论多晚，鲁校长都会全校巡查一遍才去休息。

校长如此，管理层如此，老师也如此。即使不是自己的授课老师，请教问题都会得到热情的回应。他再也没有看到哪个学校有如此亲密的师生关系。筚路蓝缕，共同奋斗，光荣与梦想，“那是一段一辈子都不会忘记的快乐时光。”

郑智勇说自己现在的很多工作习惯和细节，比如 24 小时开机、和下属完全无障碍的沟通……就来自于曾经那么近距离接触到的鲁校长和南洋的优秀老师们。

郑智勇亲眼看到南洋学院在很短的时间内迅猛且稳健地发展起来。鲁校长和老师们看准目标、不畏险阻、脚踏实地的决心和毅力深深地影响了他。

“他们让我从不觉得这只是一所民办学校，他们让我相信只要目标明确，只要足够努力，没有什么是不可以做到的。”

创业基金第一人

2004 年从南洋毕业之后，郑智勇没有循规蹈矩去公司上班，他看准市场机会，决心靠着自己在南洋学到的计算机互联网方面的知识和技能，自主创业，成立了厦门慧赢科技有限公司。

不到两年，慧赢科技有限公司就因为业务模式清晰、目标明确走上正轨，从郑智勇一人发展到 15 人的团队，业务也逐渐拓展，还拿下一个会计软件的闽南地区总代理资格。

正当郑智勇为一时筹措 30 万元代理费为难的时候，一直关心和关注着他创业的鲁加升代表南洋学院给他送来了 6 万元。郑智勇成为获得南洋学院创业基金的第一人。

毕业两年还能获得母校的帮助，这让郑智勇再次体会到，南洋学院始终关心每一个学子绝不是说说而已。事实上，他在做互联网软件开发的过程中，也经常得到学院老师们的技术和智力支持。

这笔创业基金也给郑智勇带来了巨大的精神鼓励。也正是从 2006 年起，他的事业正式扬帆起航，慧赢发展成一家集媒体运营、媒体整合、文化孵化、品牌创意、公关活动、城市推广和互联网平台等为一体的集团公司。

两年后的 2008 年，凭着从南洋塑造的脚踏实地、坚韧不拔的奋斗精神，郑智勇成为共青团厦门市委主管、青年企业家协会主办的《财富经济》杂志的创始人兼社长。

再一个两年后，2010 年，他再次大胆创新，发起福建第一个由民间力量主导，政府、企业、高校共同参与的综合性经济论坛——财富论坛。如今的财富论坛已经成为国务院批准的两年一度中国国际投资贸易洽谈会（即厦洽会）的配套平行论坛。

2010 年时逢南洋学院成立 10 周年。那年，郑智勇在南洋学院设立了 100 万元“慧赢教育创业基金”，用以支持在读学生和毕业后的校友创业。

为什么那么着急地大手笔回馈母校？郑智勇回答，因为如果没有南洋，就不会有今天的他。

如果说创业初衷是给自己和家人更好的生活，那么得到母校关怀和助力，则让郑智勇获得了做更好的、更有社会价值的自己的力量和信心。

在创业中，遇到困难，他依然愿意去找鲁校长聊聊；做重大决策时，他总会先听听鲁校长的看法；需要支持的时候，南洋学院的老师和学弟学妹们也总会伸出援手。

十多年创业路，从起步到发展的每一步，母校都是坚强后盾。“这样的母校，让人怎会不想回报她?”回馈母校，甚至已经成为他义不容辞的责任。

现在，他把企业社会责任作为自己今后的立足点。

当英国人胡润在中国大搞富豪排行榜，从南洋走出来的草根郑智勇却始终没有忘记，真正直接影响到每个个体的社会责任、担当更是一种财富，比如钟南山，比如身边那个勤勉的环卫工人，他们都有价值，都是楷模。

接下来，郑智勇会通过《财富经济》，一方面努力搭建政府和企业之间的沟通和发展的桥梁，挖掘那些以科技创新或商业模式创新为支撑的高成长期中小企业，支持这些瞪羚企业的发展壮大。另一方面，他也会联合包括母校在内的高校成立研究院，制作和发布中国企业社会责任榜单。

从入学第一天起，鲁校长就反复对南洋的师生说，“每一个孩子都是人才”，“每一个孩子都是未来的栋梁”。二十年了，郑智勇始终牢牢记在心间。

一盏心灯，让前行的路充满光和热

2002 年的秋天，南洋学院的第一届学生才刚开启他们在南洋最后一年的学习生涯，每一个学子都心知肚明：等待他们的将是比高考更加重要的人生选择。每一个关心和关注南洋学院的人都将目光放在了这些孩子身上，他们想看看，历经三年的孕育和激励，从南洋学院走出来的雄鹰到底能飞多高？又能飞多远？

——这是一个难题，是南洋学院要向全社会交代的一份答卷。尽管校长鲁加升对自己的“孩子们”胸有成竹，他相信每一个人都必将是厦门经济特区应用型人才的佼佼者，但他又不甘于他们仅仅是行业的精英，他更希望他们成为各自行业的领跑者、创业者、奋斗者和砥砺前行者，他愿意用南洋学院的光和热照亮每一个秉持着“勤奋求实，拼搏向上”校训的南洋学子，让南洋之魂成为他们的坚强后盾。

2002 级计算机网络技术专业　李彬

当然，有人怀疑，有人嘲讽，但更多的人还是相信，他们所选择的南洋之路是他们在人生的蝶变之际最为正确的选择。每一个心怀疑虑的人都注定会在踏进南洋学院大门后喜欢上这里，与这里融为一体。

这一年，李彬正是在高考的失落和茫然中走进了尚名不见经传的南洋学院，走进了对他而言尚看不到南洋硕果的南洋学院，好像命中注定，而又懵懵懂懂。

而这一年，南洋学院已在厦门站稳了脚跟，呈现出“滨北”、“莲花”、“吕岭”和“何厝”四个校区联办的壮观态势，他和三千多名南洋学子一起成为南洋学院的一份子，成为南洋学院计算机网络技术专业的一名新生。

但让李彬没想到的是，这里并不是失意者的聚集地，而是重新焕发光彩，重新寻找自我定位的有志者的实践之所，学生们享受着“学习—研究—教学实践”三位一体的研究生培养模式，“师生之间互相讨论，相互问难质疑”，独立自由的文化氛围让他深受感染，教师不仅仅是课堂知识的灌输者，更是“方向上的指引、方法上的点拨及人格上的影响”教育理念的践行者，学校倡导学生勤工助学，每一个人都有着各自丰富而紧凑的课余安排，“闲着”就是荒废光阴，浪费青春，从大一开始，李彬就在学长们的带动下，积极融入让他备感意外的现实环境中去。

经过一年的学习，掌握了一定计算机基础知识的李彬意识到，未来将是互联网时代。而此时，南洋学院的第一届毕业生进入社会，几乎全部就业，而计算机网络技术专业又是最为实用的热门专业，市场对人才供不应求，软件开发又最为紧俏，于是，在学校“创新、创造、创业”三创精神的启发下，李彬在学校和代课教师的帮助下，与同学一起在学校内成立了一家软件公司，学校给他的公司提供创业场地和经费、人脉上的支持。软件公司起初还算顺利，但后来因为不谙经营之道，向客户要账太过艰难，呆死账过多使得公司生存难以为继，最终不得不关停。初次创业的实践，让李彬感受到了创业的艰难，却也让他看到了创业的商机和对未来的希望，他说，奋斗的翅膀再怎么沉重，但终会有展翅翱翔的时刻，他相信，只要不安于做一个平庸者，就一定会有人生的无限种可能。

2005 年，李彬从南洋学院毕业，尽管创业失利，但他积攒下来的创业经验反而成了他人生的第一桶金，比金钱更为重要。毕业后，李彬选择留在厦门，一面工作，一面重新寻找机会。功夫不负有心人，一年后，李彬在调研了厦门旅游市场实况后，发现传统的旅游模式已经完全跟不上时代发展的节奏，而崛起的互联网技术与旅游结合，才是未来旅游业的广阔前景，2006 年，李彬以从学校学到的过硬的计算机网络技术创办了一家旅游网站——“旅游网”，在做旅游景点宣传的同时，重点为网友提供旅游信息及旅游指南。这是一个新兴的行业，要想生存，注定不是一件容易的事，但李彬还是坚持做了三年。2009 年，在携程和艺龙等融合旅游资源的网站成为行业巨头的时候，李彬是在市场与环境重压之下被迫放弃了自己的理想。

这一时期是李彬最为艰难的一段时光，两次创业失利，令他情绪十分低落，毕业四年，回身看看曾经南洋学院的同学，他们基本都已经在厦门站稳了脚跟，收入不菲，有很多人业已创业成功，而母校在他创立旅游网站的时候，也以南洋速度实现了南洋奇迹，搬迁至翔安新校区，成为厦门民办高校的领跑者，他的世界，好像别人都在飞速奔跑，只有他似乎还在原地行走，这种紧迫感和焦虑感，令李彬不得不重新规划人生方向，而南洋精神，始终如一盏心灯，让他前行的路充满光和热。

在经过慎重考虑后，2009 年后半年，李彬将目光投向了厦门家政市场。2010 年 3 月，李彬创立了为用户提供预订服务的 C2C 平台——好慷家政。随着家政行业的迅猛发展，李彬对家政市场的体验也越来越深刻，李彬意识到，家政服务最终还是要落实到服务质量上来，“关注用户感受，笃行务实”才是家政服务行业的要义。2013 年 8 月，“好慷家政”更名为“好慷在线”，李彬开始做自营平台的线上预订。2015 年 7 月，“好慷在线”内部更名为“好慷在家”，将“用户感受”放在了家政服务的首位。

一次次的更名也是李彬对家政行业理解的一步步深化，李彬将简单的 C2C 运营模式，转变为 C2C+B2C+O2O 综合运营模式，相继成立华南、华东、华北运营中心，服务覆盖北上广深杭等共计 30 多个城市，170 万个家庭。李彬通过采取制定服务标准并配套标准化工具、对员工进行体系化培训并引进日本等国的家政服务理念和知识体系，确保服务质量。面向消费者的产品，主要集中在移动端，如 APP、微信等，前端的订单管理已经实现 100% 线上化，后端同样重视数字化管理，除了实行家政人员服务效果可视化、建立员工评价体系之外，还将服务能力进行了库存化管理。首创“包年保洁”的服务模式，费用预收、科学排单、定期上门，并且可以固定保洁师长期服务，这一“包年”模式成为家政行业学习借鉴的典范。

创业成功后的李彬，仍念念不忘母校南洋学院对他的培养和鼓励支持。2018 年 8 月 21 日，由国家发展改革委员会同教育部、人力资源社会保障部、商务部、全国总工会、共青团中央、全国妇联等部门联合开展的“家政培训提升行动”首站在厦门举办，南洋学院董事长、校长鲁加升应邀出席仪式。好慷在家作为活动的协办单位之一，李彬在启动仪式上发起关于开展“规范家政培训，提升服务质量”行动的倡议书，引起社会的广泛关注。李彬在谈到个人的创业经历和企业的发展过程时，深情回顾了自己的大学生活。他说：“正是南洋一直以来的‘创意创新创业’教育使我具备了创业的基本素质，掌握了创业的基本技能，毕业后才有勇气创办自己的公司。”鲁加升在接受采访时骄傲地说：“李彬是南洋学院众多优秀毕业生中的杰出代表，他今天所取得的优异成绩，为学弟学妹们树立了榜样。李彬的经历告诉我们，只要学校因材施教，每个学生都能成才。”

每年的 8 月 9 日，是好慷在家为家政从业者定制的一个节日——“八九员工节”。这一天，好慷所有的家政从业者都休息，她们还可以带上孩子，一起参加公司组织的出游活动，让家政从业者拥有一个自己的节日，拥有一个像教师节、护士节那样备受社会关注与支持的节日——这是李彬一直为之努力的事情。李彬说：“除了为服务者创造好的收入，我们还希望从广义的福利上给予她们幸福工作的动力。”

多么像啊，“给每一个员工一个家的感受”，与南洋学院“把每一个学生都当作自己的孩子”的育人思想如出一辙。鲁加升将南洋精神传递给了每一个南洋学子，而每一个南洋人也将南洋精神传递给了他们所处的行业，代表了南洋精神的每一个创业者，似一盏又一盏的心灯，用自己的光和热照亮许许多多的陌生人，世界因此而变得更加温暖如家。

让家务归好慷，让生活归生活。南洋娇子用自身的实力向社会证明了他们能飞多高多远，而李彬是他们能飞多高多远的领头雁，而且，他将飞得更高更远。

南洋深情铭记心中

时光荏苒，白驹过隙，回首时已经离开南洋学院8年，自己仍是一名南洋人，还是关心和关注南洋学院的发展，自己与南洋息息相关，我为自己是一名南洋人而骄傲。

——鲁苏

2000年夏天一个偶然的机会，鲁苏看到南洋学院的招生简章，南洋的办学口号“把每一个学生都当作自己的孩子”以及厦门沿海城市秀美旖旎的风光都吸引着她，于是她毫不犹豫地来到了厦门。到了南洋才知道她是南

2000级计算机应用专业　鲁苏

洋的第一个学生，当时既兴奋又担忧，但是她很快被热情的鲁加升院长和范骏义副院长所感动，投入到了最早期的建校和备学上来。南洋的人文关怀，校领导先进的办学理念，同学的就学热情伴随着她在南洋的每一天，亲身感受南洋学院的建校、发展、稳定和壮大。她使自己完全融入学校中来，她是南洋的一分子，南洋学院的完善伴随着她的成长，虽然三年的大学生活让她体会到了酸甜苦辣，但每一天都朝气蓬勃，美好而充实。

三年来她积极参加学校的勤工助学、学生会社团的活动，参与学校的秋季、春季招生工作，先后获得了“优秀学生干部”“优秀团干部”“先进个人”“先进工作者”等荣誉称号。2003 年 7 月她顺利专科毕业，并且以优异的表现成了南洋学院第一位留校学生。2004 年 5 月，她成了一名光荣的中国共产党员，也是南洋学院第一位学生党员。在校工作期间她认真努力，珍惜南洋赋予的机遇，2006 年她被提拔为南洋学院的学生科副科长，2007 年，她通过自己的不懈努力取得了工商管理本科学历，2010 年取得助教职称。

在南洋学院的 12 年是她人生中最重要的时光，收获了最宝贵的人生经历，在南洋的学习生活、工作态度、做事风格、待人接物都深深影响着她现在的工作和学习。2012 年她离开南洋来到现在的工作单位——云南省楚雄云特石化集团公司。她进入公司后担任公司总部经理助理一职，协助经理完成公司的资料整理、财务审核等工作。在南洋学院的工作经历，使她具备了吃苦耐劳的精神、较强的时间观念，她娴熟的电脑应用能力、较强的业务能力，能够完全胜任现在的工作。到云南工作以后，她发现现在的工作能力相当一部分得益于在南洋的历练，有了以前的工作经验、业务基础，让她面对现在的工作更加有信心，能扬长避短、懂得变通。在校团委的工作锻炼了她的组织、领导和写作的能力；外出招生工作培养了她的团队意识和吃苦耐劳的精神；留校工作锻炼了她扎实的业务能力，形成了较强的时间观念，与人和谐相处。所有的这些经历都是南洋留给她最宝贵的财富，让她的青春绚丽，让她更加珍惜现在的工作。

得知今年是南洋学院成立 20 周年，她想对在校的南洋学子说：“南洋提供了优美的学习环境、完善的教学系统、高质量的师资队伍，一定要珍惜在校的每一天。每一次成功，每一次失败都是最美好的尝试，都要好好去体会，享受过程，不让大学的生活留遗憾，不让自己的青春有遗憾。让大家都珍惜当下，让自己变得更好，让南洋变得更好！”

“不走寻常路”的亚洲小姐

王磊，出生于哈尔滨，2005年入读厦门南洋学院国际贸易专业。她脸庞俏丽、身材修长，凭借出众的先天条件和清丽脱俗的气质，在2005年亚洲小姐初赛时就被很多评委、专家看好，并最终取得总决赛冠军。

2005级国贸专业　王磊

她能够最终夺冠凭借的是什么，她思索了一下说：“我想外表的靓丽与否并不能决定一切，最终制胜的还是每个人的内心修养，特别是要有一颗纯净善良的心。”事实上，王磊在西安的总决赛中就是用真实的情感打动了人。有评委问王磊，如果当选冠军，最想把这份荣耀送给谁，王磊讲出了自己埋藏在心底很久的话：“我最希望把这份荣耀送给我已在天堂的父亲，虽然他已经不能在我的身边，但他一定会为我高兴。所以我真心希望大家能好好珍惜身边的人。”说这番话时，王磊几次哽咽，感动了评委和观众。

2005年带着南洋的深情厚谊夺得亚洲小姐冠军后，她拍摄过广告、电影、电视剧，但她最喜欢的还是参加公益活动，她说当自己以美的使者、爱的化身的形象出现，参加宣传仁爱、关心弱势群体的公益活动时，自己是最快乐最真实的。

除此之外，她还“不走寻常路”地成了历史上首个挑战歌舞剧的亚姐。当蔚蓝天空的负责人将歌舞剧《画魂·舞》的合同递到她手中时，她没有拒绝，怀着感恩的心说：“我能有今天的成绩，是因为蔚蓝天空的培养，我不能拒绝我的伯乐。”为了更好地传播歌舞剧《画魂·舞》中所蕴含的奋斗精神和文化人的尊严，她推掉了数个广告、电视剧、电影，为的是有更多的时间为巡演做准备。当《画魂·舞》公演结束后，所有对她只是个空有其表的亚姐的质疑声戛然而止。

后来出于多方面考虑，她离开了亚洲电视，但她并没有离开属于她的舞台。她开始经商，做自己喜欢的事情，其中涉及了美容、服装、珠宝首饰、食品等多个领域。她的声音如风铃般悦耳，为生活增添了美妙的乐章，让生活处处动听，心情愉悦；她良好的交际能力，就好比一件魅力的外衣，帮助她在生活和事业上如鱼得水。她善于酿造幸福，享受幸福，也善于将平淡生活点石成金，展示出自己精致、优雅、睿智的姿态。香港的《亚姐百人》曾用薄荷形容她：“青气芳香、谦虚、有德之人。”

2005 年亚洲小姐冠军王磊（中）

天道酬勤，业不负人

“世上最怕‘认真’二字，只要你认真去做，没有什么是不可能的。”厦门宏晶网络科技有限公司总经理吴旭在面对记者采访的时候，总是会说起这句话，这既是吴旭对自己创业经历的一个总结，也是对南洋学院的学弟学妹们一种作为先行者的忠告。

毕业于南洋学院的吴旭，面对自己的工作，总是坚持“认真”、“笃行”和“依靠自己”这三个信条，他始终认为，无论什么事情，一定要去做，

2002级电子商务专业　吴旭

活在当下，不管结果如何，不必担心将来会怎样，付出总会有回报，而只有踏踏实实、一心一意、坚持不懈地笃行，才能创造出属于自己的奇迹。

吴旭刚入南洋学院，在开学典礼上，跟着同学们一起唱“爱拼才会赢”，就已经喜欢上了这所蓬勃发展的学校，他怎么也没想到，一所大学竟然以流行歌曲作为学校的主题曲，而在随后的学习中，他渐渐明白，“爱拼才会赢”早已是深入每一个学子内心深处的共鸣曲，他也真正从中理解了“拼搏向上”的要义。

在南洋学院学习期间，受良好校风的熏陶和感染，不甘落后的吴旭通过勤工助学在厦门中资源网络有限公司做兼职，主要是推销公司的网络产品。一开始，他承受了很大的心理压力，推销的时候，经常遭拒绝，受别人的白眼，但每次，他都在懊丧中坚持了下来。学习工作之余，他积极向有经验、业绩好的师傅们请教，经过很多次碰壁，他慢慢摸索出了门路。吴旭说：“无论干什么，关键还在于自己，别人只是一个领路人，当自己想从内心真正改变时，别人也会帮你一把。”人生之路往往就是成功一次，你就会对未来充满信心，尽管未来遥不可及，但至少能给你指明前进的方向。当第一单成功的时候，吴旭明白，他一定能做出更好的成绩，后来，他变得积极主动，学会了与形形色色的人打交道，也学会了在遭拒绝的时候如何应对尴尬，兼职这件事他一直坚持到了毕业。

“是南洋学院给了他人生飞跃的机会，给了他创业的勇气和力量。”毕业后第一年，凭着勤奋求实和卓越的工作业绩，吴旭就从一名业务员荣升为公司的副总经理，月薪达到了 2 万元，这对一名刚刚步入社会的大学生来说，已是不可小觑的人生价值的体现，但吴旭的雄心远不止于此，在工作的同时，他仍然坚持学习。2008 年，吴旭取得了厦门大学管理学院 MBA 学位。

2009 年，吴旭开始自己创业，成立了厦门弗朗特工贸有限公司，主营化工原料，他以宽阔的眼界和敏锐的知觉，不断拓展自己的业务边际。2010 年，吴旭成立了厦门宏晶网络有限公司，主营互联网业务。2011 年，成立了厦门嘉文商贸有限公司，主营化工原料及其他电子产品；2012 年，吴旭又入股三明全通投资有限公司，成立私募团队，专业投资理财。

“我最大的特点就是无论做什么事情都力求做到最好。”在吴旭看来，只有目标明确、意志坚定的人，才能真正做到“笃行”。作为新时代的创业青年，吴旭坚信“天道酬勤”，他以此不断勉励自己，这正是对南洋学院天天向上精神的一种诠释。

赠人玫瑰，手留余香

2004 年，南洋学院学生张良健，接到红十字会的电话，得知国内的一位白血病患者和他在全国数据库中的骨髓血样匹配成功，希望得到他的帮助。这时候，张良健正在南洋学院二年级读书，19 岁的他在得知红十字会是通过中华骨髓库，在九十几万人中找到他时，便毫不犹豫地答应了。张良健说："能救人一命，我觉得这是我的荣幸，他们从几十万人中找到我，真是太不容易了。"

对于这爽快的一口答应，张良健后来回忆说，他当时毫无顾虑，他自己

福建省爱心大使：张良健

的事自己能做主，再者，他完全相信家里人也会同意他的选择。是南洋学院“爱”的教育深入人心，奉献精神是每一个南洋学子的必备素养。在对方要求付给他报酬的时候，张良健拒绝了，他说：“爱是需要传递的，只有无偿捐献，我才会觉得我的奉献有意义。”

张良健无私奉献的精神感动了无数人。2004 年 9 月 3 日，在福建省首例向外省输送造血干细胞公益事业活动中，张良健以向外省捐献骨髓造血干细胞第一人的奉献精神，被誉为“爱心大使”。

福建医科大学附属协和医院的医生说：“对于患了急性白血病的病人来说，换上匹配的骨髓是白血病患者唯一的救治办法，所以对于张良健的勇气和爱心，我们很为之感动。”

张良健后来才知道，捐献的干细胞只是人体总量的 0.01% ~0.03% ，不会影响健康，一般在一周内就能恢复之前的身体状况，但所有人都知道对于一个懵懂的 19 岁青年，在突发的、未知领域的一次捐献，无疑是需要极大的勇气和胆识才能做出的决定，这并不是所有人都能心甘情愿并毫不犹豫办到的事。

通过此次捐献，张良健了解到捐献造血干细胞这项事业在我国还处于起步阶段，还需要社会广大人士的支持和帮助。张良健在参加活动时，积极呼吁更多的人能参与到这项公益事业中，来拯救更多的白血病患者。他说：“对于公益事业，我们一定要以平常心对待，赠人玫瑰，手留余香。”

大爱无疆、仁者爱人。张良健这种舍己为人、乐善好施的高尚品质，是南洋学院多年践行社会主义核心价值观的具体体现，更是中华民族传统美德的具体体现。张良健的举动也影响着南洋学子把仁爱之心不断延续，使南洋精神更加丰富而饱满。

感悟人生路　回报母校情

每个人心中，都有个属于自己的母校，那个度过他人生最宝贵青春的地方。

平　凡

18 年前的夏天，火车载着李宝煌，来到这座陌生的“鹭岛城市”，来到南洋学院吕岭校区。当时的他没有想到，这一来，就注定跟母校结下了人生最重要的三年青春成长的缘分。

2002 级广告设计专业　李宝煌

李宝煌就读于南洋学院2002级广告2班，他是个来自福州小渔村的普通男孩。他之所以选择南洋学院，也许是高考成绩不理想，也许是这里有他最钟爱的环境艺术设计专业。感觉是被命运选中，班主任李振杰老师（现为南洋学院校长助理）任命李宝煌担任班长，那是李老师第一次也是唯一一次班主任工作经历。最初，李宝煌不知道大学的班长和高中班长有什么不同，也不清楚这个艺术生专业班级的同学会是什么个性。那时的他就是只无头苍蝇，到处碰壁，甚至有一次竟遭到女生集体罢课抗议，非常狼狈。李教师看在眼里，用自己担任学生会主席的经历开导李宝煌，给他传授学生工作经验。慢慢地，在李老师的耐心指导和帮助下，李宝煌的班长工作逐渐捋顺了，也得到了老师和同学们的认可，班级工作的小成绩给他带来了巨大的自信。随后他申请组建了南洋学院第一届书法协会，会员最多时近百人。李宝煌也被顺利吸纳成为学生会社团部的一名干事，在社团部部长胡华育带领下逐步成为一名社团部骨干，并顺利参加了2004年校学生会竞选。这是他人生的第一次全校公开竞选演讲，李老师鼓励说："这有可能将是你人生唯一一次能在几百人面前演讲的机会，认真准备，勇往直前。"这句话现在仍然历历在目。最终，李宝煌没让大家失望，光荣地担任校学生会办公室主任一职。在校团委书记曾艳老师和学生会振杰老师的指导下，校学生会工作打开了一个新篇章。他借此逐渐走出校门，和厦门诸多大学的学生会干部进行交流学习，认识了很多优秀的学生干部，他们给予了他一直努力向上的榜样力量。

南洋学院给了平凡的李宝煌展现自我、实现自我价值的平台和机会，而学生会工作培养了他的团队合作能力，为他日后的人生之路打下了坚实的基础。

尽　责

2005年毕业季，李宝煌通过南洋学院国家统考，顺利拿到了大专学历文凭。在设计专业方面，王莉老师教授的PS专业课程帮助他争取到了人生第一份兼职工作——给腾讯外包公司画了两个月的QQ头像。毕业前，李宝煌顺利进入厦门一家装饰设计公司实习，与他一起来的还有同班的三位同学。他们都是初学者且是第一次画施工图，工作内容是一个大型项目——厦门市中级人民法院的施工图设计。老板随口说让四人都画同一个立面。有强烈职业敏感度的李宝煌意识到老板的用意，他是最认真对待的一个，加班加点，做足功课，几天后，老板与设计总监来评价成果时，不出意料，对他的评价最高，说他最认真，学习能力最强，并让他负责最重要的大堂区域，而画图不认真的同学则被派去工地驻场，人生际遇就此发生了变化。到了中秋，老板组织博饼活动，有当班长组织博饼活动经验的李宝煌，又一次有了用武之地，老板对他的组织能力也十分认可。在实习期间，他也在准备专升本考试。李宝煌一边工作一边上南洋学院老师的手绘班，最后被福建农林大学艺术设计专业录取。临走时，老板亲自送他到厦门车站，说他选的路是正确的。

南洋学院让他练就了认真尽责的态度，使他在学业上有继续进修学习的勇气，在设计专业技能上有了很大的提升，在工作上争取到了更好的就业岗位。

感　恩

2005 年，带着对南洋的感恩之情，李宝煌来到福建农林大学学习本科艺术设计专业课程。2007 年他踏上了去往北京的奋斗征程，他认识了人生第一份正式工作的老板——是师父也是艺术设计的领路人。在厦门实习时积累的施工图设计基本功，让他很快适应了北京的工作节奏，他逐渐从一名深化设计师成长为一名主案设计师，而且也有幸参与了 2008 年北京奥运会的一些设计项目。2010 年，李宝煌毕业后第一次回到南洋学院参加母校 10 周年庆，南洋新校区的变化让他感触最深，无比动容与感恩，他给母校捐赠了自己出版的《北欧设计之旅》一书，希望能为母校尽点微薄之力。在北京工作期间，李宝煌没有停止“南洋之鹰”飞翔的脚步，2015 年，李宝煌顺利拿到中国人民大学艺术学院艺术硕士文凭。经过多年的打拼，他完成了很多优秀设计项目，收获了一些国内外奖项，同时逐步完成了从室内设计到建筑设计的跨越，现在是北京联合维思平建筑的设计总监，这让他接触到了更多的国际项目和国外设计师，帮助他用更开阔的国际视角去审视设计本身。

“南洋精神，天天向上。”李宝煌逐渐成长为一名优秀的设计师。南洋的学生干部工作经历，更让他感悟到了“低调做人，高调做事”的处世之道。在南洋 20 年校庆之际，李宝煌想对母校说：学会感恩，感恩母校，回报母校。

南洋学子当自强，不惧艰险闯天路

那是春暖花开的南方海岸，那是风霜雪雨的川藏天路、新藏荒原……滚滚车轮带着我，一步步向上爬着。其间，我遇见了少年的梦想与热爱，也拥有了一个男人应有的独立和顽强。

他叫叶建凡，网名“大叶”，90 后莆田男孩。13 岁那年，因为捣鸟巢而爬上高压电塔，不慎触电，从高处坠落，导致双手被部分截肢。“从医院回家后，我心情无比暴躁和痛苦，无法接受自己没有双手，轻生的念头无数次浮现在脑海。”在这期间，妈妈的爱让他“苏醒”。休学的一年里，他慢慢地接受了这个事实。到高中，经过努力，叶建凡已经能够生活自理。2010 年，他以高出录取分数线 80 分的成绩考入厦门南洋学院商务日语专业。他专业成绩优秀，参加了全省高职日语演讲比赛，也热爱运动，百米能跑进 11 秒 8，足球踢得尤其好，是南洋学院校足球队的主力后卫，和团队一起赢得了厦门高校（高职院校）足球赛的冠军。

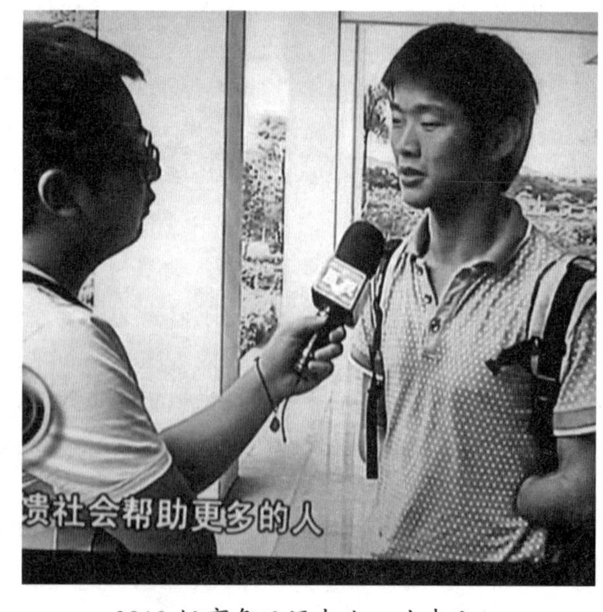

2010 级商务日语专业　叶建凡

能重新写字，已是断臂三年后了。在这三年里他试过胶带、橡皮筋各种办法，直到有一次他拿篮球腕带套着断臂，咬着笔插入其中，终于一撇一捺地写出一个“我”字。当时的他欣喜若狂，他知道原来正常人用手能做的事，只要无比努力，他也一定可以用自己的方式做到。

2013 年，叶建凡毕业骑行，从厦门骑至三亚；2014 年骑行川藏南线；2016 年骑行闯过最具难度和强度的新藏线。

2016 年 8 月，夜里 23：00 的西藏阿里，无边夜色笼罩中，一个孤单的身影，一步一个轨迹，还弓身骑行在海拔 5200 米的马攸木拉山口。寂黑荒原没有人、没有光，天地仿佛只有他自己，只有剧烈的喘息，还有偶尔的狗吠惊心，其担心害怕可想而知。虽然他失去了双手，但他的生活充满了阳光与希望，他用一双断臂抱紧车把，骑行在荒原深夜里，跋涉到海拔最高的新藏线上。此时，距离他从新藏线零公里出发，已经整整 21 天。

还记得 4 年前，他第一次单车骑行踏上征程，那是在春暖花开的厦门，22 岁的他骑在跨海大桥上，终点是一个思念的姑娘。只是普普通通的 40 公里路程却骑了一整天，骑车对他来说并不容易，没有双手，难以控制车把，这一路骑来他不知摔了多少次，可他没有气馁，一次一次摔倒、一次一次尝试、一次一次努力，这一切都只是想要表达对姑娘的诚意，就仿佛真是“漂洋过海去看你”。

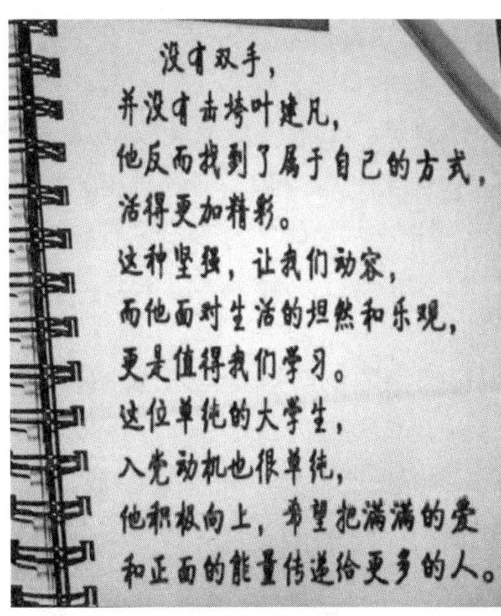

无手少年自强不息 大学又入党又支教

天真少年，多想像个骑士披荆斩棘地去见思念的姑娘。没有双手，他就用双臂抱紧车把；没有手指，他就试着把刹车调高 90 度，用臂压方式来控制。一次次失败、一次次坚持，当车轮终于平稳地滚动向前的那一刻，他忍不住激动地欢呼：“我做到了！”他终于重新快乐起来，心里却还藏着担忧，这人生终究有一天要自己一个人走，一旦脱离父母庇佑、朋友帮助，他真能一个人面对偌大的世界和生活琐碎吗？

2013 年毕业临近，这焦虑开始愈发强烈。他又想到了骑行，这一次目标是另一片海。从厦门骑行去三亚，他从没一个人骑过 1500 公里的漫漫长路，但他迫切想知道，一旦遇见问题，自己能否独自应对？阻力很大，更没有人愿意与他同行，渴望独立的少年还是毅然上路了。这一路他怕的不是摔车吃苦，而是车坏了，如果车坏了，他一个人要怎么修？骑经闽南山区，自行车爆胎。对他来说拆卸轮胎已很费劲，用铁片磨内胎这种需双手配合的事，更像是不可能完成的任务。困在野外，摸索了两个小时，他才终于借助大腿和石头紧压内胎，双臂托着铁片，一点点完成补胎。过程很困难，心里却万分欣喜，一个人去解决在路上的一切问题，原来他真的可以做到。半个月跌跌撞撞，他终于站在了三亚的碧蓝海边。他相信自己能独自骑过长路，也一定能扛得起生活的大旗。当时他的心里也播下了一颗新的火种，即：每个年轻骑行者都梦想的川藏线。

他还记得 2014 年川藏线上，遇见他这样一个断臂紧抱车把的骑者，常有司机摇下车窗竖起大拇指。旅馆的好心人，也常捧来好吃的，更有哈达相送。一个拉着他嘘寒问暖的大妈，甚至在合影时自顾自地哭了。其实，他并不愿意被打上“特殊”的标签。有一次他看见一个七八岁的藏族娃儿，竟背着一捆将近 2 米高的稻草艰难前行。小小身板承受着山一样的负担，那个画面在他脑海中留下了深深的记忆！这一路他不仅磨炼了意志，也看到了许多人都默默承受着各自的苦难。相比之下，他虽然失去了双手，但还能在路上飞扬青春，已是非常幸运了。

2016 年 7 月，时隔两年再出发，他最担心的依旧是安全问题。被称为“死亡天路”的新藏线，一座座 5000 米以上的高山，十几个冰山达坂，他还能再次坚持抵达拉萨吗？以为做足了万全准备才出发的第一天，就迎来了狠狠的下马威，从新疆叶城零公里直线向上的 100 公里，直接让骑过川藏线的几个队友全部累到双腿抽筋。更折磨人的是缺水。7 月戈壁，超 50 度热浪，沿途没有任何补给点。骑到一半，他们的水就没了。头顶烈日，渴得头晕目眩，目的地还万分遥远。路过的好心司机施舍的两瓶水，简直让他幸福得哭了。那一天，咬牙忍着抽筋的痛，直踩到深夜 11 点，借着月光，他才抵达可落脚的矿山。而 2713 公里的新藏线，才刚刚起头。

世界海拔最高的新藏线，真是难于上青天。前 5 天，就要从戈壁直上到海拔 5000 米的高原。每一天都是无尽向上的盘山路，迅速上升的海拔，让他高原反应更强烈，他感觉头都要裂了，缺氧，完全睡不着。白天他依旧要绷紧神经，控制住更易失衡的车把，应对各种陡峭地形。从戈壁到黄土再到雪域，四季也跟着迅速轮换。烈日、狂风、暴雨、冰雹、大雪……温度从 50℃猛降到零下，上午还挥汗如雨，下午却要躲进路边排水渠里避雪取暖。

8 月 15 日傍晚，他终于抵达拉萨。路上车子又一次“罢工了”，他就这样推着一路掉链子的单车，一步又一步，再一次走到了布达拉宫，仿佛来到久别重逢的朋友面前。这一次历经 30 天，720 个小时，2713 公里。若是两年前，他觉得自己也许就搭车了。但这次他做到了。

路很长，也很难，但他知道经历过这一次次艰难的人生路，以后定能走得更远。那一刻，他不禁用笑容，为自己点赞。

他用 13 年的时光，勇往直前，飞过绝望，也飞向了远方！

披荆斩棘，只为生命而歌

“人生之路，并非一马平川，但只要迎难而上，你终将收获一路芬芳。”

——题记

她的生命在逆境中抗争，她的生存在艰难中奋进。她对知识的渴望，在乃乱乃萃中绽放！在她的艰辛人生中，真正践行了“故天将降大任于斯人也，必先苦其心志，劳其筋骨，饿其体肤，空乏其身”。

林婕是我校2003级视觉传达专业学生，名副其实的励志女孩，出生不久就被确诊为先天性脑瘫，经过不屈不挠的努力奋斗，她用8年时间通过了

2003级视觉传达专业　林婕（右）

15 门功课的考试，于 2012 年如愿拿下了平面设计专业的国家自考大专文凭。怀着一颗感恩的心，她用实际行动谱写了一首“力斩荆棘而生，只为生命而歌”的交响曲。

林婕 1983 年 10 月出生在海上花园——厦门，她 8 个月大时被确诊先天性脑瘫，医生断言：她的一生将十分艰难，不能站立、不能走路、不能说话，并随时都有病危的可能……自出生以来，她经历了常人难以想象的与命运、与疾病所进行的长期持久的决不妥协的痛苦较量。为了站起来，为了能走路，为了能上学，她无数次地跌倒了又无数次地爬起来……由于她非同常人的刚毅和坚强，从幼儿园到小学，从初中到高中，林婕没有落下正常儿童发展成长过程所应具有的任何一个环节。林婕像健康的人一样一步一步坚强地迈过人生的每一个台阶。

2003 年，林婕参加了高考，但以 27 分之差落榜。她的事迹感动了厦门南洋学院的领导，后来被南洋学院破格录取。身体严重残疾的林婕，自懂事的那天起，就真诚地热爱生活，勇敢地面对现实。她不自卑、不苟且，坦坦荡荡。从她的故事里，我们可以看到，她身体严重残疾，但思想非常健康，人格高尚，品质优秀。大学三年，除了必修及专业课程，林婕还掌握了各种相关软件，如 3Dmax、Flash 等，基本掌握了 C 语言、HTML 等基础编程语言。此外，她还多次获得征文、绘画、雕塑和设计等大奖。就在入学的第一年，林婕因自强不息的奋斗精神被评为“2003 感动厦门十大人物”之一。

2007 年 7 月，在市政府及社会各界的帮助下，她成为厦门路桥景观艺术有限公司的一名职员，主要负责图书馆管理、宣传栏设计制作及行政事务。在厦门路桥公司的工作简单而琐碎，就是管理图书资料、管理人力资源信息等，由于她学的专业不是行政管理，行政的办公软件都要重新熟悉。刚进公司的时候，公司图书馆虽然有目录，但书架上的书排序较乱，得一本本重新整理归类，然后把归类好的书一本本排上书架，光是整理图书她就整整花了一个月时间。

毕业 13 年以来，她以踏踏实实的工作态度得到了同事们的认可和好评。工作前 5 年，她在工作的同时还要完成自己的自考目标，白天上班，晚上回家自己啃书。2010 年自考政策变动，3 门专业课程可以替换一门英语课程，通过难度很大，身边很多人劝她放弃，包括父母也告诫她身体要紧，但她依然坚持学习。经过多年努力，2012 年她终于如愿拿到了平面设计专业的国家自学考试大专文凭。

获得平面设计自考文凭后，她又挑战起不太灵活的手，完成儿时的梦想。利用周末和节假日期间练习及创作工笔画、写意画。她的作品多次在国企职工画展中参展，2017 年 5 月，作品《雄风》获“信念之行”厦门市属国有企业职工书画摄影作品展优秀奖。

2015 年 5 月，厦门市政协科教文卫、厦门残联、厦门路桥景观艺术公司、厦门惠和石文化园等单位联合组织，为林婕举办了“大爱厦门，牵手艺享”的个人公益作品展，南洋学院领导也亲临现场助力，参观者拍手叫好，纷纷为林婕点赞。

2017 年她的作品《金鸡报春》被厦门市残联选送并入围残疾人美术馆“残健融合”全国残疾人美术作品展，并被收藏。同年 11 月，林婕赴京参加由中国盲人图书馆、中国残疾人事业新闻宣传促进会举办的全国残疾人书画艺术高级研修班。而今在业余时间，她依然孜孜不倦地在刘存惠老师、马景岭老师、徐湛老师、张玉河老师等国家一级美术师的远程、面授指导下不断学习。

回想南洋的大学生活，那是一种无忧无虑的美好，一种青春浪漫的记忆。记忆中她刚进南洋时，特别胆小，是领导的亲切关怀、老师的热情鼓励、同学的悉心帮助让她敞开心房，增强自信，收获知识，增长技能。

大三时，班主任黄少东老师的一席话让她至今记忆犹新，当时面临毕业就业的压力，天真烂漫的她自认为能和正常人一样顺利找到一份工作。可现实是残酷的，无数次的面试换来的是一次次的异样眼光和拒绝，在她灰心之时，黄少东老师一直在为她想办法，也一直鼓励着她。有一天，黄老师把她叫到办公室，向来嘻嘻哈哈的黄老师突然严肃地对她说：“林婕，虽然现实很残酷，就业不乐观，但是我想你可以凭借学设计的优势，利用画笔和电脑绘出五彩斑斓的人生，用你身上的奇迹回馈社会，东哥希望你有一天能回报父母!”这段话成了她努力的方向和动力。

17 年前，自强不息的林婕，感动了许多厦门人；如今，她用手中的画笔，又温暖了许多需要帮助的人，她经常义务教自闭症儿童画国画，传播爱心和感动。工作之余，她不断进行自我提升，同时积极投身公益。2018 年，她在厦门残疾人福利基金会指导下成立的福建省随心公益组织担任监事。

滴水之恩，定当涌泉相报。林婕用自己的行动感恩父母、感恩学校、感恩社会，她一路披荆斩棘，只为生命而歌。

心系南洋母校，不负岁月芳华

2002 年 9 月，一个稚嫩的女生拖着一个大皮箱独自来到美丽的海滨之城厦门，那年高考她放弃了福州大学的本科学位，原因是数学专业不是她擅长和喜欢的，有主见的她毅然决定前往南洋学院就读外语系的空乘专业，因为从小就特别向往蔚蓝的天空。这也造就了她和南洋的缘分天空。她就是 2002 级空中乘务专业的郭阿容。时隔多年，郭阿容是怎么看待她当初的选择的？以下是她的自述——

在南洋，印象最深刻的就是成为军训小教官，当时我们小教官是在何厝校区封闭训练，经过严格艰苦的训练后，在老生开学前就开始带班训练，我

2002 级空中乘务专业　郭阿容

当时被分配到中侨校区担任2003级空中乘务班的小教官，暑假同学们都在家吹空调吃冰西瓜时，我们却在烈日炎炎下陪伴着下一届来自全国各地的学弟学妹一起融入集体，英姿飒爽的军事训练，每天跟他们分享南洋的大学生活，一起唱军歌，一起拉练，一起哭一起笑，军训容易培养浓厚的归属感，也为未来三年的南洋生活铺垫了扎实的家庭般的温暖。看着大家快速融入，快乐积极地进入学习状态，我心里特别的欣慰。那几年在学校有个很亲切的称呼就是“学姐”。校园里凡是认识的，不认识的，都是这么叫我，当时觉得特别亲切也特别骄傲，当然也励志要做个榜样学姐。

大一在吕岭校区时，我就被班主任张芬老师推荐为班长和预备党员，三年的班长历练，奠定了我在企业游刃有余的管理能力。大二在徐怀兰老师、李振杰老师、胡文宗老师的培养下，我成了正式党员；同年参加人生第一次的全院学生会竞选，以全院最高的投票数获得了学生会副主席的席位。大学三年，好多同学在忙着谈恋爱时，忙着享受大学的快乐时光，我和另外一群同学却忙碌在各种社会实践和学生会工作中，那时候的时间过得真可谓如流水，当然大学的学生会生活也为我进入社会打下了坚实的基础，虽然大学三年没有愉快地谈恋爱，但学习和生活无比的充实和快乐，所谓鱼和熊掌不可兼得，说的就是这个道理吧！

毕业后的职业抉择

2005年实习季，当时各个单位抢着要南洋的毕业生，原本我是可以留校的，当时徐怀兰老师还建议我去考公务员，可是那不是我想要的工作氛围，于是不羁的我便开始从最基层亚洲海湾酒店的前厅开始实习。深刻地记得放弃学校留校名额时，在中桥十楼的院长办公室，范副院长对现场的老师说的一句话：“没关系，阿容出去到哪里都可以做得很好。”范副院长的声音仿佛就在昨天。

毕业后步入社会大学，遇到了我的生命中的第一个伯乐——来自新加坡的杨小姐，职业第一站就来到了当下最火的培训行业，也就是杨小姐创办的厦门正信行顾问有限公司。可能是自己平时学生会工作能力的历练，我发现自己特别适合培训行业，无论是做学习顾问还是讲师，都成绩斐然，比当时厦大研究生毕业的同事还要优秀，工作如鱼得水。当时还给全国各大学毕业生做了很多面试礼仪培训，也回到母校吕岭校区讲了一堂的“毕业生的应聘礼仪”，随后也在全国开了200多场的内训和公开课，当时安踏、新华书店、全国电力窗口等都是我的培训客户，当时刚毕业一两年打工年薪能够拿到二三十万元算是比较可观的，可我感觉上升速度太快了，同时又开始焦虑自己的根基不够稳妥，底盘不够硬实，特别是企业管理的实践经验薄弱，虽然作为讲师能够在专业课程上得到各个企业家及企业高管的认可和尊重，但是我自己还是能够感觉到企业实战管理经验的不足和无知。于是，我给自己定下了回归企业上班的10年计划。

学无止境找回自我

接下来就回到了10年的企业实践生涯，从人力资源的培训模块、招聘、绩效、薪酬管理、员工管理到最后的人力资源规划和企业战略规划，包括日常行政管理全面踏踏实实地摸索了一遍，也给很多包括四星级酒店在内的企业带出了好几位人资总监。同时不断提升自己，2011年从厦门大学工商管理专业毕业，取得了国家高级人力资源管理师、高级劳动关系协调师等证书。在母校15周年庆时还在校友会刊物上真诚分享我的职场经历《自我竞技，本色人生——干一行，爱一行，感动职场的成长历程》。我接下来的工作目标就是陪伴功夫动漫股份有限公司上市，待公司上市后我就可以为我的企业职业生涯规划画上完美的句号，重新回归到我喜欢的培训行业，做自己喜欢的事情，努力实现财富自由的目标。

如果能够再来一次大学生活，我依然会选择南洋，因为我知道南洋一直在进步，从南洋走出的学生总是会出其不意地比别人更优秀！

南洋的学弟学妹如果有职业生涯方面的困惑，我愿意成为大家的倾听者，帮大家一起分析，踏踏实实在职业发展的道路上走好坚实的每一步！

南洋吐蕊，莆田争流

投桃报李兮华芳，灼灼竟流桑梓情！

南洋之于2008级国际经济与贸易的林博，可能比其他的校友更为特殊，因为它不仅仅是他的母校，更是他的家园。林博在南洋读书三年，毕业后留校工作七年，十年光阴，成长很多，令他回味无穷。

2008级国际经济与贸易专业　林博

弹指一挥间，自离开母校，回老家创业快两年了。在这段时间里，林博已从一名高校教师蜕变为教育培训行业校长，母校的办学理念和鲁加升校长的谆谆教导对他产生了深刻的影响，促使他即使投身社会，也执意投身教育行业，做一个对社会有贡献的人。目前，林博的公司在莆田运营玛酷机器人、贝尔编程两大全国科教品牌，助力莆田当地科技教育发展，用科技助推教育，培养人工智能时代原住民，增强莆田孩子在未来竞争力。不到两年的时间，公司已经组建了两个校区，招收了 400 多名学员。2019 年荣获“贝尔科教集团全国百名优秀校长”荣誉称号。

回顾自己所取得的成绩，除了林博自身的努力拼搏外，更得益于母校十年的学习和历练。对于南洋，他永远充满感恩之心，因为南洋的学习工作不仅帮助他树立了正确的人生观和价值观，更让他提高了思想觉悟、拓宽了思维视野、掌握了专业知识，提升了教育技能和管理能力，这些都是他一生无比宝贵的精神财富，南洋对他办学的影响是重大而深远的。

到过厦门的鲁迅先生曾说厦门“依山傍海，风景绝佳”；没去过厦门的海子也说过，厦门“面朝大海，春暖花开”，林博对厦门的向往由来已久。高中读书的他，听说到厦门可以看见最蓝的大海和最美的星星，毕业那年为了看厦门的海有多蓝，他毅然填报了南洋，也许是心之所向，身之所往吧。

2008 年入读厦门南洋职业学院，林博还是很普通的一名学生，成绩一般，能力一般。学校在专业方面辛勤的培养，让他掌握了扎实的专业理论，积累了丰富的实践经验，多次荣获“优秀学生干部”称号。同时，因为学校丰富多彩的校园文化，使他在大学期间参与了众多的实践活动，积累了丰富的做事经验。特别是在毕业那年，遇到他的人生导师蓝德森老师，蓝老师教会了他做人做事，教会了他招生本领，最后林博留校成为一名辅导员。

刚留校当辅导员那会儿，林博也是非常青涩，更谈不上独当一面。真正是留校这几年的招生工作，以及多次聆听鲁校长的教诲，打开了他勇于探究和自我突破的大门。2012 年招生工作，他负责漳州最边远、经济又不发达的诏安县，最终，他通过努力交上一份令人满意的答卷：统招、计划外双任务招生指标达成，成为招生标兵；2013 年到莆田市城区招生，常规招生 20 人的地区，最终招了 120 人，超额完成任务，再次成为招生标兵；2014 年，经历过闽南和闽中招生工作之后，他被委派到福建的山区——南平市招生，成为最年轻的大区招生负责人，那一年他又使南平的招生人数翻了十倍；2015 年，在原有基础上，再次创新高，比上一年再增百人的数量；2016—

2017 年，他被调任海外学院国际部招生负责人；2019 年晋升招生就业办副主任。南洋的招生工作使他拓宽了视野，增强了本领，更重要的是掌握了生存之道，如果没有学校这几年的工作经历，他的教育之路不可能愈走愈宽广，也不可能在短短的两年时间内，在莆田教培行业立足，问鼎当地少儿科教之首。

南洋吐蕊，莆田争流。人生的道路还很漫长，教育之路任重而道远。林博说，他的个人成长成就在万千校友中也许不值一提，但他只是想借此表达他对母校的感恩。在母校二十周年校庆之际，他要用 16 个字表达自己的心情：情系母校，心怀校友；致力教育，乐于奉献。

面朝大海，春暖花开

有的花，一开始就灿烂绽放；有的花，却需要静心等待。

——题记

《易经·需卦》曰："需，须也。"《说文》又云："需，须也，遇雨而不进，止须也。"意思是需是一种等待，一种蛰伏，一种积累。有时间等待，蛰伏，积累，都是一种智慧，一种人生旅途沉淀的华美乐章。

郭华，2010级预科班，2012级国际经济与贸易专业学生，现从事旅游

2010级国际经济与贸易专业　郭华

行业，是福建省平潭山与文旅合伙人、平潭海贼王户外创始人、平潭北港锅碗瓢盆民宿总理人。

2010 年身在平潭的他收到了来自南洋学院的录取通知书，也就此与南洋结下不解之缘，故事从此开始。来自闭塞小海岛的他，那年 17 岁，不谙世事，单纯而内敛，眼里透着新奇，黝黑的皮肤折射出太阳灿烂的光芒。全新的校园，陌生的环境，如同一片肥沃的土壤，让这颗幼小的种子慢慢地生根发芽，历经无数风雨，终成一棵参天大树，根深深扎进土里，枝叶徐徐生长，自信而刚强。

2011 年，一次偶然的机会让他接触到军训小教官这个特殊的职位，能够像军人一样穿着迷彩服，迈着坚毅的步伐是他梦寐以求的事，懵懂的他开启探索新世界。在日复一日的训练中，担任小教官的他身心得到了全面的发展，被太阳灼烧过的皮肤更加黝黑了，被严苛训练后也更加坚韧了。这些难忘的经历让他在未来的 3 年时间里，每一年都积极地报名参加军训小教官工作，成为我校第一个连续 3 年担任小教官的学生，迄今为止无人打破这个纪录，被师生传为佳话。勤奋、吃苦、坚持，这些难能可贵的品格使他受益终生。

郭华热爱自然，热爱每一项户外运动。海岛人血液里流淌着对自由的向往，对大海的热爱，2013 年他创立了南洋钓鱼协会。他希望能有更多的人接触到钓鱼这项运动，能够利用课后闲暇的时间，走出宿舍，感受自然。他期盼能有志同道合的小伙伴一同享受这份与自然融为一体的快感，这段经历也为他后来创立海贼王户外营奠定了坚实的基础。2015 年毕业后，他做过财务会计，也做过销售，积累了一定的社会经验，但他并不满足现状。

2016 年 9 月，平潭在政府的扶持下大兴基建，

发展旅游业建立文创村，他瞄准这个机遇毅然回乡进军旅游业，他辞去上海的工作，回到北港做一名民宿管家。经过一年多的时间沉淀，在接待游客的过程中，他发现游客的需求远远不止于住宿，因为来平潭旅游的人大多是向往大海而来，如何为客人制定特色的海岛旅游服务，被他提上了议事日程。于是他重新拾起了征服大海的野心，创立了海贼王户外。一批又一批的游客慕名而来，乘着他的游艇一同追逐星辰和大海，一同看海浪拍打着微生物溅起的莹莹蓝光，一同赴惊鸿宴睹盛世颜。从此，郭华在旅游业做得风生水起。

多年来，郭华始终没有忘记当初辞掉朝九晚五的工作，就是为了实现心里怀揣的那个梦。2019 年，他积攒了足够的民宿运营经验，将自家的房子改造成锅碗瓢盆民宿，1 幢石头厝旧屋，6 间风格别致的客房，精致的改建房被古朴的村落环绕，院子里花草生机勃勃。远眺大海风光无限，仰望蓝天白云悠悠，时光仿佛在这里凝结。民宿不走寻常路，新颖别致，充满温情。民宿建立后，他和志同道合的小伙伴们又创建了与之相关的旅游策划服务机构——山与文旅，已经实现了稳步经营。

于君山之下，倾听烟火人间空谷足音。人总会在不经意间发现一些美好。在锅碗瓢盆民宿静坐读一本好书，在庭院里喝一壶好茶，在舒适的床上小憩一个下午，或者是在厨房里倒腾新菜，或者畅聊家事国事天下事，也是乐趣横生。郭华觉得，让每个来到平潭，来到锅碗瓢盆的朋友们，都能去聆听海岛的声音，去倾听内心的呼唤，旅行的快乐大抵如此！

人生如同钓鱼一般，很多东西可遇而不可求。做一个幸福的人吧，面朝大海，春暖花开！

精彩，永不落幕

人不一定要活得漂亮，但一定要活得精彩。

——题记

不谋全局者，不足以谋一隅；不谋万世者，不足以谋一时。先谋而后动，才能掌控全局，立于不败之地！

七年前的那个夏天，李杰拖着重重的行李来到美丽的厦门，来到更加美丽的南洋。从当初的青葱少年，到现在的事业小有成就，这一切的一切都归功于他的母校——厦门南洋学院。

2013 级室内设计专业　李杰

三年的大学时光，他虚度过，也奋斗过；失败过，也成功过。忘不了军训的汗水，忘不了红楼的灯火，忘不了师长的教诲，忘不了教室的笑声，忘不了操场的拼搏，更忘不了宿舍的温馨……那群人、那些事依然温暖于心，充实了他的校园生活，丰富了他的一段人生经历。

刚来南洋时，他就加入了校学生会，每天的生活忙碌而充实，站在新的起点，他充满信心，满怀希望，梦想大显身手。大二下学期，机会终于来了，由新浪微博主办，学生会承办的校园“光盘行动”，让他接触到了一个崭新而广阔的领域，找到了属于自己的兴趣——新媒体，现在新媒体终于成了他的事业。

南洋有专门的创客中心，为广大学子提供了施展才华的舞台，毫无疑问，他是最大的受益者之一。2015 年 8 月 13 日，在校团委的指导和团队的努力下，他们几名学生成立了一米阳光新媒体工作室，顺利入驻位于红楼学生活动中心一楼的南洋创客家园，同时也诞生了学校第一个品牌——掌上南洋，它是全国高校东部明星公众号（腾讯微校榜单），福建教育类榜单前十名（新榜单），也是南洋最有影响力的自媒体平台，覆盖 90% 以上的在校生。掌上南洋致力于通过微信等媒介向学生传达校内消息，从学生角度出发，融入并丰富大家的校园生活，用接地气的方式让你了解南洋学院。

当时作为一个小白，他看到别的学校公众号推送着各种精美微信图文时，自己既好奇又崇拜，心想这么好看的效果是怎么做出来的？这么方便的功能是如何实现的？微信后台到底是怎么运作的？出于对微信的强烈好奇心，他怀着忐忑的心情注册了这个微信公众号——“掌上南洋”。这个名字最初的想法就是手掌上的南洋，你所想要，触手可及，希望有了“掌上南洋”的陪伴，校园生活从此多一些便利，少一点烦恼。注册完微信，为了构架出一个合理的框架，李杰几乎参考了各个不同地区大约 100 个高校的公众号，也因此尝试了 10 多个第三方平台，在那即将开学的半个月里，他天天都在研究各种功能、各种接口、各种源码，每天都熬夜到两三点，每天有 10 多个小时是花在微信框架构架和各种板块的内容建设上。大约半个月后，掌上南洋终于有了初步

的框架。李杰说："我知道自己不一定比别人聪明，但一定要比别人努力。"

他曾记得张小龙在"微信力量"公开演讲中说道："一切以用户价值为依归。"他很赞同这种观念。掌上南洋自诞生以来就把接地气放在首要位置，引导学生形成正确的人生观和价值观，倡导理性思考，不人云亦云，不哗众取宠，不趋炎附势，不溜须拍马，倾听学生内心最真实的声音。因为只有永葆初心，掌上南洋关注度才会与日俱增，学校领导也给予了平台高度评价。他从中积累了经验，收获了信心，创业之路越来越通畅。

大学毕业后，他创办了厦门市某个网络科技有限公司（前身为一米阳光新媒体工作室），致力于高校新媒体运营和发展，培养高校自媒体人才。目前已在全国多所高校构建了新媒体矩阵，覆盖大学生用户数量远超100万。依托优质的线上渠道，提供线上和线下一整套基于高校领域的完整、独特的品牌宣传及营销服务体系，打造立体的校园传媒渠道。公司成立两年多以来，已服务多家各行业优质客户。

回首创业之路，不禁感慨万千。他想对学弟学妹说，在大学里一定要找自己感兴趣的事去做，并坚持下来。要相信你现在所做的每一件事，都是你人生的重要经历，相信生命中的点滴注定会在未来串联。吃苦的本质就是长时间为了一件事聚焦的能力，所以我们这个时代，吃苦本质上是一种自控能力，是能在一件事情上长期坚持，直到有所成就。人的一生，既没有想象中那么好，也没有想象中那么坏，每个人的背后都会有心酸，都会有无法言说的艰难，要学会承受，学会微笑。

他说，创业是一段艰辛的历程，需要创业者摆正心态，抓住机遇，今天的他只是崭露头角，小有成就，未来的路还很漫长，他将锐意进取，砥砺前行，因为他始终相信，精彩永不落幕！

渠清如许，为有源头活水

有一种爱，说不出口，只能潜藏于心。

——题记

古人云：“读万卷书，不如行万里路，行万里路，不如阅人无数。”在厦门南洋学院，邱海利深深地感悟和践行了这句话。南洋学院这个名字，是他对大学最初的记忆。选择厦门南洋学院看似巧合，实则机缘。上高中的时候，学校给班级的每位同学都订阅了《高中生》这本杂志，邱海利最初对南洋的印象就从这本杂志开始，里面有关于厦门城市的宣传，也有关于鲁加升校长的介绍，厦门深深地吸引了他，缘分就这样开始了。他高考后查阅了很多其他学校的资料，始终没有提起兴趣，但厦门南洋学院这个名字却刻在他脑海中始终无法忘却，这个名字吸引着他来到福建，来到美丽的鹭岛。

2007 级电子商务专业　邱海利

作为一个河北人，他

以前从没考虑过会来福建读书，因为距离太远了，2000 公里的距离从来没想过，无论是家里人还是同学们都不是很赞成 18 岁的他跑那么远去求学，但他相信自己的直觉，毅然独自踏上了求学的列车。他清晰地记得 2007 年 9 月 2 日到厦门火车站的时候，已是傍晚，天下着小雨，因为从河北过来，9 月份的河北已经进入秋天，天气已经转凉，但厦门依然是酷夏，他穿着一件厚外套，下车后一个学长帮他提着行李箱，学长对他说："在厦门最冷的天穿你这些衣服就够了，赶紧把外套脱了吧，不然一会就一身汗。"坐上接新生的大巴车，司机把他们送到金尚校区，就这样开始了他的大学生活。

在南洋学院的三年，可以说是他人生中到目前为止最值得回味的一段时光。最初的招生老师王伟博，最初的班长冯琛，最初的辅导员钟媛，最初的任课老师钟石根，最初的金尚校区宿舍 108，他至今铭记于心，没有最初的陪伴与鼓励，就没有现在的他，真心地谢谢学校的一切！

参加学校开学典礼，第一次见到校长鲁加升，既兴奋又害怕，因为在他的印象中，校长一般都十分严厉，没想到鲁校长如此儒雅、慈善，那时的他一直躲在最后面，是最不起眼的一个，开学典礼的内容现在已经想不起来了，但当校长把自己的手机号告诉每一位新生时，他心情立刻变得兴奋，突然觉得自己选对了学校，因为从来没遇到过哪一位校长可以把自己的联系方式告诉给每一位学生，这需要多么博大的胸怀，那种感觉现在想起来依然温暖如初。鲁加升校长的很多优秀品质到现在依然影响着他，他关心学生、爱护学生、陪伴学生的成长，在学校每次见到他的时候，都会亲切地问候，生活习惯吗、学习怎么样、北方人能不能适应厦门的气候等。在大家心里，鲁校长，永远是学生最敬重的校长，没有之一！

2008 年，他非常幸运地参加了学校的招生工作，在山西省临汾市这个从来没去过的城市，一待就是 4 个月，从最开始的无

助，到最后离开时当地很多朋友的热情欢送，让他见识了太多，也成长了太多。去宣传的第一个学校，见到的第一个学生，交到的第一个朋友，还有那年5月12日下午2点28分的汶川大地震，他在山西师范大学后门租住的小旅社整理资料，很多事情现在想起来依然清晰。2009年和2010年他又连续两年参加了学校在湖南省的招生工作，成果显著。

现在回想起三年的时光满满的都是对学校的感激，如果没有学校三年的培养，也就没有现在的他。招生工作是一份十分辛苦同时又非常锻炼人的工作，他们每年都要去一个陌生的地方，要见许多不同的人，他们要经历种种坎坷和困难，他们既要把学校最优秀的一面介绍给学生，同时他们也是厦门这个城市的宣传大使，这一切都是在课堂上无法学习到的，谢谢学校给予招生人员这样的机会。因为2010年在湖南邵阳的招生工作表现优异，邱海利非常荣幸地留校工作，就职于培训中心，身份的转变让他无比自豪，他更加无悔于自己当初的选择。南洋学院彰显了闽南人特有的爱拼才会赢的气质，也传承给大家脚踏实地、永不放弃的精神，这些宝贵品质对广大学生的现在乃至将来都将产生深远的影响。

由于个人原因，2012年初他离开了厦门南洋学院。目前他在漳州理工职业学院担任招生处副处长，继续从事招生工作。因为在漳州工作，距离厦门不是很远，他会经常回学校看看发展与变化，看看自己曾经办公的地方，看看他以前住过的宿舍，然而他只是默默回校，没有联系任何一个老师和同事，但那种对于学校的爱，对于南洋的情总会涌上心头，从眼眶一直浸润到心底，最后默默地擦干眼泪说声再见。

邱海利说，从2007年初次与南洋相逢，再到2020年的20周年校庆，他真的感到无比的兴奋。问渠那得清如许？为有源头活水来，感谢最美的遇见，感谢2007年义无反顾的选择。

执着追梦，无怨无悔

千里之行，始于足下，九尺楼，起于嬴土。人生又何尝不是如此，一步一个脚印去夯筑，去感悟，去积累，去践行，才有厚积薄发的丰富人生。杜梦非常喜欢这样一句话：你现在的气质里，藏着你走过的路，读过的书和爱过的人。我们看的是书，读的却是世界；沏的是茶，尝的却是生活；斟的是酒，品的却是艰辛。人生就像一张有去无回的单程车票，没有彩排，每一场都是现场直播。

2011 级软件技术专业　杜梦

大学是杜梦人生的转折点，时至今日她还很庆幸当初选择厦门南洋学院。她是农村来的孩子，高中之前都是学校—家两点一线，没有出过市更没有出过省。高考完很迷茫不知道何去何从，家人觉得女孩子找一个离家近的学校将来毕业了找一个好人家结婚生子挺好，而她并不认同。她的人生才刚刚开始，她没有见过海、没有坐过飞机。早就听说外面的世界很精彩，她想去看看，更何况读万卷书不如行万里路啊！一个偶然的机会，她看到厦门南洋学院的宣传单，“厦门南洋”这几个字深深地吸引了她，于是各种搜索了解，鼓浪屿、大海、南洋的风景都打动了她的心，那一刻她就决定要来厦门南洋学院读书，所以报志愿的时候她前三个都填写的是南洋学院，虽然有些疯狂，但是如今毕业6年了，她从未后悔过。她不想把南洋和哈佛、厦大比，每个学校的存在都有它独特的意义，任何一个学校环境都是一个平台，如何展示全靠同学们自己去发挥去创造。很多人向往大学就像偶像剧一样，其实不用向往一个大学“剧本”，依然可以把大学过得很精彩。你的心有多大，舞台就有多大。三年大学时光，有些同学过得非常丰富多彩，但也有不少人只会虚度光阴，她应该属于前者。

她自称不是一个很聪明的人，也没有富裕的家庭和很好的背景，既然选择了南洋就要好好地把这条路走好，所以她一直在努力、在尝试、在改变、在追求。有时候贫穷反而是一件好事，它能激发人的斗志。出门在外不能一直找父母要钱，兼顾学习的同时她也想办法做各种兼职赚些生活费，一方面减轻父母的压力，另一方面也锻炼自己独立生活的能力，让她正式进入社会之前得到诸多历练。读书期间，她在学校找到一个开关门的兼职，每天一早赶在所有人上课之前把教室的门打开，在大家都放学后负责锁门。因为这个兼职，她每天都需很早起床，所以她的大学不是躺着过来的。她看到如今很多大学生沉迷游戏，躺在宿舍玩手机很难过。他们处在一个科技快速发展的时代，可是青春和生命却如此荒废。

她刚毕业时尝试过很多行业：教师、金融、销售等。印象最深的是有一次上班的时候，老板要求做日程表，每天早上开会要汇报日程安排。刚入职场的她毫无头绪，老板就亲自教并且和员工们一起坚持了一年。开始真的不适应，因为已经习惯了想到什么就做什么，如今却要做日计划、周计划、月计划，甚至年计划。但当她坚持将这些计划实施落地的时候，她才发现她有那么多的事情要去做，甚至感觉自己的时间都不够用，一个月一本，一年下来看到那些厚厚的笔记本，感觉比领了奖金还开心，因为这些是金钱买不到的，她把那些笔记珍藏起来。在几份工作中她面临很多的诱惑和挑战，特别是当她接触销售、金融相关工作的时候，金钱的诱惑像吸盘一样，人一不留神就陷入深渊，于是她毅然辞职斩断诱惑，开启了她的艰辛创业之路。

2014年，她创立了“厦门摩士丹电子商务有限公司”，自己担任总经理。公司是一家集电子商务基础性操作、网络营销、淘宝运营、流通渠道等多种业务于一体的新型电子商务公司，经过几年的探索和实践，公司逐步走上正轨，业务量大增。2019 年 4 月，母校向她抛来了橄榄枝，她的公司入住了南洋学院创客家园。针对电子商务专业方向实习生提供了实习岗位和自主创业等电商业务培训，根据目前电商市场人才储备状况与需求，理论结合实际操作，让实习生在兼职、实习的过程中学习淘宝店铺经营、运营能力。母校为她提供了很多便利和优惠，校企合作非常愉快。有母校相助，如今公司运营更加顺畅。

一生中会遇到很多的成功人士和杰出人物，在他们的背后也有很多常人看不到的奋斗和努力。鲁加升董事长用自己的创业经历告诉大家，心怀梦想，勇于担当，脚踏实地才是人生的磐石。

行走在追梦路上，她不再迷茫，坚守初心，无怨无悔。人生能走多远，要看与谁同行；有多大成就，看有谁指点。她很感谢自己的过去，也努力追逐个人的未来。谢谢成长路上一直陪伴的母校以及鼓励她的朋友们和老师们！

杜梦说：“选择南洋，我很幸运！”

奋斗的青春最美丽

青春，充满着奋斗与激情；青春，充满着无悔与期望。

——题记

长风破浪会有时，直挂云帆济沧海。他是南洋学院 2014 级市场营销专业的学生钟建全。回想三年的大学生活，他感触良多。还记得当初，他只身一人，满怀激情地来到这座陌生的城市，对大学生活充满了向往。而今，光阴荏苒，校园愈发美丽动人，而他已经离开她三年了。这三年，在社会上摸爬滚打，事业蒸蒸日上，但他始终心系母校。

大学期间，他担任班级学习委员，同时参与校艺术团的工作。学习之

2014 级市场营销专业　钟建全

余，他还积极参加学校组织的各项社会实践活动，譬如三下乡、走进福利院等，通过这些活动，他跟社会有了些许接触，在获取社会经验的同时也收获了很多友谊。除此之外，勤工俭学也成了他大学生活的一部分。他充分利用课余时间，找不同的兼职锻炼自己，虽然做兼职很苦、很累，经常半夜独自回到学校，但从中他深切地体会到了父母的不易，也浅尝了社会的艰辛。在大三时，他和同学满怀激情地开始了人生当中的第一次创业，起步阶段，成绩很理想，他们也得到了学校的支持和鼓励，这在一定程度上让他们自信心爆棚，虽然最后因为经验不足，以失败告终，但这段经历为他步入社会奠定了坚实的基础。参加工作后，他能够迅速地投入其中，不到两年的时间就成长为公司最年轻的部门经理，这是与南洋学院的历练分不开的。

毕业前他在一家教育机构实习，当时他负责市场部，但实际上市场部只有他一个人。除了负责日常的招生工作外，他还需要帮助其他老师辅导学生的学习，与家长沟通，协调学生、老师以及学校的关系。高强度的工作经常使他感到疲惫，但他还是坚持每天第一个报到，最后一个离开。当时，很多同学觉得他很傻，认为他拿着 4000 元的工资承担着月薪 40000 元的工作，很替他不值，但是他却乐在其中。他知道，幸福是奋斗出来的，现在所吃的苦、吃的亏，到最后都会变成一束光，照亮他前行的路。

这样坚持了半年，实习结束，他开始思考一个问题，那就是收入。他的收入应付完日常吃穿用度，就所剩无几了。同时他也在思考，朝九晚五、一成不变的工作能给他带来什么？作为一个在校期间有过创业经历的学生来说，虽然结局以负债收场，但他的内心还是充满了激情，他告诫自己，在哪里跌倒就应该在哪里站起来！可是如果再创业，资金从哪里来呢？意识到这个问题后，他就开始寻找新的突破口，一次偶然的机会，他接触到了保险这个行业，这个平台只需要投入激情和时间，就能满足他创业应具备的所有条件。从此，他开始了跌跌撞撞的保险生涯。

俗话说，万事开头难。依稀记得刚入行时，家人不理解自己的选择，因为他们从未接触过这个行业，保险意识很差，他们认为做保险就是在求人，吃力不讨好，因此不赞同他做这份事业。确实，在这个陌生的城市，自己刚刚毕业，没有人脉、没有资源，甚至有时候也没有足够的信心，在这样的情况下，他只能通过外出摆台、发传单、电话营销等方式积累客户群体。有时遇到一些没有保险观念的人，双方发生口角，差点打起来。虽然历经坎坷，但是他依然坚信付出终有回报，时间总是最好的答案。后来他有了自己的小团队，他们有着共同的目标，始终朝着一个方向努力奋斗！他也不再局限于业务领域，团队壮大后，他们开始尝试各种各样的活动，例如：插花、制作亲子月饼、踏青等。从一开始的经验不足，到现在的运筹帷幄，他深切体会到一个成功的活动背后需要强大的团队支撑，这让他想起了当初在校时组织策划活动的点点滴滴，原来当初每一次的经历都是在为将来铺路，他对母校的感恩之情一直萦绕于心。

生活的沉淀终有回报的一天。从业一年后，他成了厦门银保系统五大部经理之一，并且成立了营业部。营业部的成立，让他信心倍增，开始寻求第三方的合作。针对学生群体，他和多家教育机构长期合作，通过日常举办活动等方式让保险走进校园，培养学生的保险意识。对于社区人群，他进行定期志愿者服务，把爱送到家，以此让更多的人明白保险的意义与功用，满足民众对保险的需求。针对保险意识较为薄弱的乡村百姓，他的团队与厦门市妇联展开合作，从女性健康出发，对翔安区域的村镇干部进行培训，由她们带领我们挨家挨户拜访，宣传保险利好政策。在此过程中，因为语言差异，加上村民长久以来对保险的偏见，导致他们的沟通遇到了一定的障碍，甚至产生了一些误解，团队成员也常因此感到挫败，对自己产生怀疑。每每遇到这样的情况，他深知作为团队带领者的职责：关注团队成员的情绪，做好小组的沟通反馈，针对突发情况，及时应对。正是这些经历造就了他强大的内心，使他不断积攒经验，才能更好地开展工作，将团队发展壮大。

直到现在，他调任中国人民保险公司，担任翔安区服务营销负责人。新的工作岗位为他提供了更大的平台，让他更加努力向前。经常有人说他年轻有为，但是他知道，青春是用来奋斗和打拼的。他之所以在毕业三年内就取得了不俗的成绩，归根结底，是因为南洋的土壤孕育了他，南洋的平台成就了他。大学三年那些丰富多彩的经历和老师们的谆谆教诲，让他如今做事游刃有余。勤奋、诚信、坚持的品质是他在社会上立足的根本。他始终坚信：奋斗的青春最美丽！

亲爱的校友们，奋斗既能改变命运，又能创造奇迹。它正在路上，你们准备好了吗？

遇见与守望

诗曰："若问燕子为谁来，卷帘之恩重如山。"厦门是蔡君杰在福建的第二故乡，是纯净而又美丽的浪漫都市，一直都是他向往的城市之一，尤其是鼓浪屿、椰风寨和那承载中华民族悲怆与艰辛的胡里山炮台。第一次去胡里山炮台观看清朝时那两门从德国引进的克虏伯大炮，他心里无限遐思；第一次去白城海滩体验冲浪，他心潮澎湃；第一次游小金门，他顿生"天下兴亡，匹夫有责"的切肤之感。第一次以志愿者的身份参加第四届海峡两岸论坛时的梦想，第一次以运动员的身份参加第三届厦门马拉松冲刺一刻的自豪，至今历历在目。这一切都因为遇见可爱的南洋。

2004 级法律专业　蔡君杰

2004 年夏天，他独自背着行囊，来到了南洋。三年时光，收获满满。回想当初的校园生活，可以用“忙碌而充实”这五个字来概括。“忙碌”是因为身兼多个职务又组建了多个学生团体，“充实”是因为既可以学到知识又可以丰富人生阅历、扩展自己的交际圈。尤其是2005年五四青年节，身为厦门南洋学院爱心协会副会长兼活动策划部部长的他，拟组织一场百人义务献血活动，原计划号召100人参加献血，可是经过他们的精心策划和宣传，现场献血者竟然突破了1000人。这场纪念活动让他无比骄傲和自豪，那一夜，他辗转反侧，不能入眠。在校期间，他一直认可南洋“以人为本，特色办学，全面育人”的办学理念，三年时光，他不仅获得了新知，更学会了做人。

为了传承“谋事无中生有、做事脚踏实地、成事报效桑梓”的莆商精神，2007年他毅然踏上了返乡之旅。经过长达11年的刻苦努力，2018年6月，他成功注册了“福建省蔡氏投资有限公司”并担任董事长。公司注册资本达到1500万元，年产值2000万元以上。半年之后他又以总计1500万元的注册资本分别成立了莆田市堪迪贸易有限公司、莆田市布捷贸易有限公司、莆田市天捷贸易有限公司三家公司（总计年产值800万元）。坐在宽敞的办公室，他经常心生感慨，内心充满感恩。

记得当初拿着录取通知书来到南洋学院金尚校区报到的时候，在新生军训环节，教官的严厉与苛责让他明白了“无规矩不成方圆”的道理；拿到“军训优秀学员”的奖状让他明白了“付出终有回报”的真谛；2005年纪念五四青年节那场义务献血活动让他明白了什么是无私奉献、什么是大爱无疆、什么是勇于担当。教育的本质意味着，一棵树摇动另一棵树，一朵云推动另一朵云，一个灵魂唤醒另一个灵魂。南洋的沃土滋养了他，浸润着他。2010年至2017年，他带领公司员工年年无偿献血，无私奉献，斩获“全国无偿献血奉献奖金奖、银奖和铜奖”。

随着年龄的增长，他发现读懂生活并不简单，梦想也不会轻易实现。在外人看来，他似乎是一位成功人士，但人生之路道阻且长，因为世界很大而自己很小，有太多的事情不了解，太多的选择不能反悔。每个人都务必会应对不能回避的现实，理解不可逆转的改变。命运总是和人做各种游戏，而游戏的规则也越来越复杂。企业需要苦心经营，企业管理是一门学问，更是一门艺术。他经常回忆鲁加升校长的一句话——“我要办一所负责任的大学”，同样道理，今天的他，身为蔡氏企业董事长，同样要办一个负责任的企业。13年来，他一直身先士卒，践行诺言。

他说："未来的路也许并不平坦，而我务必坚持走下去，能够回头却不能转身。我始终相信，夙愿会在期望与绝望交织的前方。但是走累的时候，我会想起你，因为遇见你，我的心才有了一个落点。今后的路还很长，我也许会离你远去，但我依然守望着你，因为你是我永久的昨天，我会带着那份回味，走向真正的成熟。遇见你是如此美好，我格外珍惜。守望你是如此深情，我将倍加期待！南洋，祝你生日快乐！"

方正做人，圆梦人生

知人者智，知己者明。一个人有了明与智的格局，才能有乃大的胸襟，高瞻远瞩的视野，才能做到君子有所为，有所不为。欧阳清圳是我校 2010 级模具设计与制造专业的学生。2010 年的秋季，他走进象牙塔，迎来了人生第一道靓丽的风景线，那就是美丽的厦门南洋学院。他在这里学习、拼搏、成长、蜕变，也由此开启了缤纷人生。

大学期间他担任班级班长，坚持严以律己，宽以待人，积极参加学校的各种活动。他认为“无规矩不能成方圆”，浮生在世，只因追求真、善、美而圆，所以方方正正做人，才不枉活一世。他视“修身、齐家、治国、平

2010 级模具设计与制造专业　欧阳清圳

天下”为理想，不断提升自己，深得师生好评。

在大学毕业的关键节点上，他毅然选择去部队当兵，报效祖国。这对一个在校大学生来说，需要偌大的勇气和决心，他说服了父母和亲人，无怨无悔地踏上了军旅征程，圆了自己的军人梦！与大学生活相比，军队生活单调而枯燥，但他总是以优秀士兵的标准要求自己，在与朋友的交流中他多次强调“不想当将军的士兵不是好士兵”。欧阳清圳目标清晰，行动果断，在部队刻苦训练，钻研业务，加上自身的优秀品质及大学积累的宝贵经验，他很快又当上了班长。入伍期间，他依然坚持方正做人，圆融做事，因为表现突出，他被评为“优秀士兵”“优秀共产党员”，并获得三等功一次，受到全连嘉奖。两年的军旅生涯，培养了他顽强的毅力，团队协作能力也得到了进一步增强。

从部队转业后，他积极寻找切入点，开始在社会各个行业尝试，积累了大量的社会经验和人脉资源。人们常说，机会总是留给有准备的人，欧阳清圳成功地入职漳州某区特警队，在本职岗位上他恪尽职守，工作出色，获得了警界的一致好评。出人意料的是，他志存高远，追求梦想，又一次放弃了多少人梦寐以求的稳定工作，投入到下一个人生挑战中。

四代酿酒工艺的传承，加上得天独厚的家庭背景，欧阳清圳最终选择了酿酒创业，并注册了自己的品牌“七秒鱼”。如今他拥有自己的酿酒基地，产量和销售粗具规模，订单源源不断。在企业经营理念上，他极其重视产品质量，注重营销和团队建设，从此七秒鱼的故事一直在演绎，目前七秒鱼农家休闲中心产值已达200万元。这些成就的取得，一方面得益于大学期间知识的增长，眼界的开阔，策划和管理能力的提高，尤其是鲁

加升校长的办学理念让他深受启发；另一方面，军队生活磨炼了他坚强的意志和品质。世界上没有笨拙之人，只有勤奋与不勤奋的人，只有坚持与不坚持的人。你做到了，才会受人崇拜；你做到了，才会圆梦人生。

欧阳清圳对国学颇有研究，一直喜欢读《论语》等名著，也从中悟出了许多做人的道理。他用自身经历告诉大家，人生之路充满坎坷，变数不断，凡事需要坚持。多苦少乐是人生的必然，能苦为乐是人生的坦然，化苦为乐是智者的超然。在苦乐相伴中，它沉淀了自己，提升了境界。方正做人为的是圆梦人生，圆梦人生为的是方正做人。

因此，人生不一定要当“最好”，但一定要懂得让自己“更好”。方正做人，你的人生才会画出一个圆满的句号。

历练是人生最大的财富

《易经·乾卦》："天行健，君子以自强不息。"意思是天道运行，刚健有力，才能生生不息。君子要依天而行，日出而作，日落而息，勤勤恳恳，中正守时。勤，不仅可以养德，更是一切精神财富和物质财富的根本。

陈玉辉是2013级国际经济与贸易专业的学生，在南洋，他度过了三年美好的大学时光。教学楼、图书馆、运动场、创业活动中心，都留下了他无数的欢笑和泪水，这里也承载着他的荣光和梦想。

他初入南洋时，并不十分出众，但其内心依然充满了渴望。担任班干

2013级国际经济与贸易专业　陈玉辉

部，加入社团，参加社会实践，他样样都不落下，因为他想变得优秀，想改变自己。辅导员常说，不经一番寒彻骨，哪来梅花扑鼻香？三年不短也不长，在这里，他聆听了鲁加升董事长的创业经历，得到了辅导员的精心培养，倾听了老师们谆谆的教诲，得到了同学们热心的帮助。这不仅仅是一份经历，而是一种历练，一种成长，更是一笔无形的精神财富。今天，他能担任聚源建设工程有限公司总经理，与南洋学院潜心育人的教育理念是分不开的，他的内心永远充满感恩情怀。

他刚毕业那年，心情很复杂，对于找工作，既充满期待，又焦躁不安。在朋友介绍下，他开始了第一份工作，很遗憾，因为个人原因，这份工作他坚持不到四个月便辞职了。但是对第一份工作，他还是心存感激的，因为这份工作不仅让他开阔了视野，增长了见识，而且还丰富了他的人生阅历。辞职后，他更加清楚地认识到自身的不足和社会的多元。任职第二份工作，他才意识到这才是自己人生真正的磨炼，一份与他专业完全不对口的工作，后来竟成为他追求的事业——运输管理。在车队，他担任管理人员，管理车辆、管理员工、协调工作，这是个高难度的事。与人交际，是一门学问，他经常思考，该以什么样的管理方式使员工心服呢？因为刚踏入社会，他身上稚气未脱，加上生来一副稚气的脸，这些老员工觉得他不谙世事，他们都是在公司工作多年的老员工了，怎么可能服从他的管理呢？于是他遇到了人生第一大难题——管理的学问。俗话说得好，人心隔肚皮。他尝试着去了解他们的真实想法，但是多多少少还是有些阻碍，于是他主动去学习管理方面的知识，从中获取有效的管理方法，他放低身段，虚心向老同志学习。生活和工作让他明白，想让员工心服，首先你得真心，只有认真地去听取他们的意见，真诚地帮他们解决实际问题，顾及他们的真实感受，他们才会心悦诚服。原来人与人之间，需要的就是真心和真诚。

这段成长经历，坎坷而漫长，他经受了无数的煎熬。但是困难像弹簧，你弱它就强，你强它就弱。这几年的摸爬滚打，让他越来越坚强。如今的他，坐在总经理的位置上，一点也不发怵。生活的历练让他稚气已褪，头脑更清醒，管理更科学，公司运转一切正常，他仿佛渐渐成了父母眼中的“大人”。心理承受能力的提升让他对人生不再彷徨，现在的他有了自己的小家庭，对家庭负责，对员工负责是他的担当。历经岁月的沉淀，未来他要将责任担在肩上，为实现中国梦而不懈努力！

他始终坚信：人生的每一次历练，都是一种成长、一场修行，更是一次蜕变！

让更多的人感受爱与温暖

林雨霁，他是广西福建商会的秘书长、广西华都建筑科技有限公司梧州分公司的总经理。2020年1月30日，广西青年企业家协会评选出2017年广西优秀青年企业家光荣榜，林雨霁榜上有名，这也是继他获得“梧州市首届新的社会阶层先锋人物”后的又一殊荣。除此之外，他还被评为梧州市优秀团干、优秀禁毒志愿者。对林雨霁来说，2017年是他里程碑的一年，荣誉加身，是对他的肯定，也是对他辛勤付出的认可与回报。

2003年开始，还在读大学的林雨霁就是学校学生会副主席，他带头组织参与志愿服务活动，在奉献中他不断成长，在公益活动这条路上他越走越宽广。2015年6月，林雨霁和一帮志趣相投的热心人士一起组织筹建了长

2003级计算机网络技术专业　林雨霁

安义工协会，截至目前，协会已有会员500多人，包括政法干警、企业老板、退休群众、机关企事业单位等社会各界人士，累计开展志愿服务活动60多场，参与人数4000多人次，活动范围和影响力不断提高。协会在平安巡防，群防群治，应急服务，关爱服刑人员子女、“民警母亲”、自闭症患者等方面发挥了重要作用。

“我们的会员志愿服务热情好高，每天都有10多人报名到东出口参与服务行动，为让更多的会员如愿参与行动，今年春运我们在梧州火车站增设了一个服务点，以满足会员参加活动的需求。”林雨霁表示，在开展活动的过程中，义工们在服务社会中体现了自身的价值，也对社会的酸甜苦辣有了体会，服务热情持续高涨，队伍也越发壮大，知名度和社会影响力不断扩大。

2017年7月，梧州市长洲区倒水镇的洪水迈上街头，林雨霁马上组织义工参与到抗洪救灾活动中，很多义工自发捐助受灾的群众，洪水退后，林雨霁带着30多名义工一起到倒水街清理淤泥和垃圾，义工们干劲十足，林雨霁更是累得满头大汗，但他始终笑面待人。在活动中积累的口碑让长安义工那一抹“长安蓝”广为人知，得知义工会员中有专业的心理咨询师、律师等，很多企事业单位的负责人找到林雨霁，寻求专业的心理咨询服务和法律援助。林雨霁说：“有些人受到伤害，虽然肉体上的伤疤愈合了，但精神上的伤疤可能会伴随他们很长时间，我听到很多类似的案例，从讲述者的话语间都能感受到受害者的孤独与无助。”也正因如此，每当遇到这种求助，他都是积极协调，大力支持，让求助者得到最好的关爱与帮助。在2017年梧州市长洲区政协“爱心助学”慈善募捐晚会上，林雨霁公司捐款1万元。

在志愿服务行动中，林雨霁也有过被批评和误解的时候，一些人质疑义工们在帮扶某些特殊群体时采取的方式方法欠妥，甚至会对帮扶对象造成适得其反的影响。面对这些质疑的声音，林雨霁虚心接受，细细回味，认真总结，而后自我充电，自费到南宁、北海参加公益组织的培训班。他说："我是真诚地希望帮要帮到点子上，扶要扶到关键位，参加培训班能够让我对整个公益界有更深刻、更先进的认识，能够使我们以后开展活动更有针对性和实效性。"志愿服务并非林雨霁的本业，他的公司在梧州仍是初始阶段，虽然公司的硬件、软件各项设施都已配备齐全，在建筑检测行业内也有一定的影响，但很多运作还需他的统筹协调，他却十分执着乃至固执地坚持志愿行动。他还在寻找更多需要帮助的群体，设计培育更多更好的公益项目，组织更多的有志之士参与到帮扶活动中，让更多的弱势群体感受到社会的爱与温暖，也为城市文明建设奉献义工们的一份力量。

在管好带好义工团体的同时，林雨霁也充分调动了广西福建商会企业家们回报社会的积极性。2017 年，除了本人筹资 4 万多元用于扶贫济困外，他还积极发动商会企业帮扶弱势群体。自 2012 年 3 月商会注册成立以来，商会企业历年累计为梧州的慈善事业贡献捐款额度达到一千多万元，并荣获梧州市委市政府颁发的"梧州市优秀商协会"，梧州市委统战部颁发的"梧州市十佳基层统战单位"等十几项荣誉称号，为广西梧州市的经济发展和慈善事业做出了积极贡献。

同时，林雨霁还是梧州市长洲区政协常委、工商联副主席，并在梧州市刚成立的社会新阶层人士联谊会上当选常务副会长。任职以来，他积极响应上级主管部门的号召，继续与时俱进，拓展思路，组织各项公益事业和活动，积极履行参政议政职能，尽己所能，为新社会阶层建设添砖加瓦，为地区经济和社会发展多做贡献。我们也衷心希望林雨霁更加成功，他们的企业团队更加发展壮大。

经历风雨，只为明天更好

古人云："近墨者黑，近朱者赤。"丝麻草是最柔软的植物，但若它生长在麻杆中，不扶也自然直。这段话说明了物与类聚、人以群分的道理。人生又何尝不是如此，大部分时间，其实不是浪费在路上，而是浪费在选择上。但在选择大学这件事上，方添耀却意外地没浪费太多时间。因为从小喜欢看电影、看动画，自个又喜欢乱涂乱画，恰逢学姐放假回家，给他推荐了南洋学院的动漫设计专业。

就这样，他认准了南洋。

2008级动漫设计专业　方添耀

回想南洋学院三年的大学时光，方添耀曾说："在那里，我不仅收获了友谊，而且也让我真正领悟到什么叫'山外有山，人外有人'。"那年的九月，他来到了美丽的厦门，来到了南洋学院，认识了来自五湖四海、天南地北的同学。通过与他们的交往，他了解到各地的人文地理和风土人情，知道了许多从课本上没有学到的知识，从而开阔了自己的眼界，又在交流的过程中无形提高了自身的素养。在这里，他发现比自己更优秀的大有人在，比自己能干的更是数不胜数。为了不断提升自己，除了应付紧张的学习以外，他还利用大量的课余时间参加学校举办的各类活动，他觉得和有知识、有文化的人在一起，取长补短，自己的文化修养和精神追求就能达到更高的层次。

这里是南洋学子步入社会的第一步，是他们从稚气未脱的学生到社会栋梁的过渡时期。这期间，他们不仅仅需要学习知识，更需要懂得为人处事，处理好人际关系，因为大学时代的友谊不同于社会上的交情，相同的兴趣爱好使他们更加了解彼此、珍惜彼此，这份友谊会让他们一生受益无穷。在南洋，方添耀同样收获了很多友谊，也为自己积累下不少人脉，他认为这些友谊对他今后的工作和生活将产生至关重要的影响，他的同学和老师是他人生当中的宝贵财富。

在南洋，他学到了更丰富的知识，积累了宝贵的知识财富。虽然他们在大学里不会像高中时那么刻苦学习，但他们仍然获得了很多书本上没有的知识。尤其对于自己的专业，他们能够更加深入地了解和研究，这些知识是他们今后生活中的丰厚基础和财富，它们一旦被运用到工作中，就会发挥巨大的优势和作用。科技飞速发展的今天，没有知识寸步难行。当然，也有少数凭着机遇和胆量而获得成功的人，但他们背后要付出更多的艰辛和坎坷，即使他们成功了，后期也要通过不断学习来补充自己，否则再进一步都非常艰难。没有知识的成功者，他们注定只能在低端产业徘徊，无法向高新领域跨进。如果在同等的机遇面前，有知识的人一定会捷足先登，而且会更快获得成功。

诚然，上大学未必就一帆风顺，不上大学也未必荆棘丛生，人生的路有许多走法，不能一言而定之。因为社会也是一座没有围墙的大学，而他们只不过是在这个缓冲地带做好准备，再去直面社会这所真正的“大学”。未接受过大学教育的群体，依然可以涌现出各类社会人才。在市场竞争日益激烈的今天，学历只是一个平台，是否成功关键还得靠自己。

毕业后，他的第一份工作是在一个教育类动画公司担任动画师，虽然这和他在学校里所学的专业比较对口，但是他觉得在工作的过程中所学到的知识是在学校所接触不到的，它可以锻炼一个人做事的能力。而在这份工作中，他感觉他进步了，他知道在这里他的目标是什么，需要做些什么，他努力，他坚持。很幸运的是，在“大佬“的带领下，他不再是当初只有理论没有实践的小白，已成长为能独当一面的“老员工”。后来，机缘巧合之下，他又到有“东方小巴黎“之称的哈尔滨工作了几年，其间主要制作课件与演示动画，接触了许多新的领域与知识，也见识了很多有趣的人。后来因为家庭的原因，他又回到了厦门，在现在的游戏公司任职。

作为一位曾经的职场新人，迄今已在职场闯荡多年，回首这几年的风雨历程，他感慨良多。他说他之所以取得现在的成就，得益于当初对南洋学院的选择；得益于在学习、生活和工作上老师和同事们对他的无私帮助与配合；得益于工作中的成长。一路走过来，他觉得，人生的价值也就在此！成长总是在进行中，正因为如此，他不能以任何理由和借口让自己停止努力的步伐，既然成长的过程中避免不了磕磕碰碰，他何不欣然接受，因为回头看走过的路，这样的选择才是对的。

规划未来，勇往直前

“人生在世犹如白驹过隙，一转眼离开学校的时间也不短了，但是大学轻松、快乐的时光仿佛就在昨天。”这是来自一位校友的感慨。他是一位公司负责人，也是一位说干就干、执行力极强的“执行专家”，他的名字叫范晔。

他是2013级室内设计2班的班长，在大学时，他遵循自己内心的想法，凡事按部就班，处事清晰有条理，辅助老师的同时也在竭尽全力地帮助同学，不管是在生活上还是学习上，因此，他与老师、同学们建立了深厚的友谊。其中不乏有一些小故事：那是大学第一个长假，寒假即将到来，因为家住在本省的三明清流，想着不远，就推迟回家的他，正巧接到辅导员一个紧急来电，咨询他是否还在学校，能否给同学提供帮助，他尽责完成了教师交代的工作。从那次起，每当遇到长假期，范晔总是最后走，因为他希望能帮到老师或者同学们。

2013级建筑室内设计专业　范晔

到了大学中期，范晔开始积极参与校园活动、社会兼职，也进行了一些创业的尝试。他说：“作为一个男生，应该有‘雷霆起于侧而不惊，泰山崩于前而不动’的心态，遇事泰然自若，沉着冷静。”与各色各样的群体接触、交流，谈论感兴趣的共同话题，分析极具争议的议题，这让他沉迷其中：汲取知识的同时，又能锻炼自己的语言能力。而后在一次毕业演讲上，当他正在总结自己的时候，突然被打断，他随即大惊失色，面红耳赤，场面一度尴尬，这时，时任艺术学院院长陈实光老师告诉他：“按自己的心来，放心说，慢慢说。”后来从范晔的口中获悉，是这位陈老师让他明白了南洋精神——天天向上。

大学后期，范晔同学开始专心致志地做自己的事情，找工作，找实习单位，但基本都是底层工作。当然他明白，要能成为一个顶尖的人一定要先学会吃苦。吃苦不一定能成功，但是想成功就一定得吃苦。范晔对吃苦是这么认为的：年轻人就应该多吃苦，趁着年轻多吃苦，因为老时吃苦更辛苦。

果然，职场小白总会经历各种各样的不适应：失眠，犯困，花钱没规划，想法不全面，做事没规矩，说话不到位，迷路，等等。这是适应期，这个阶段简直让范晔开始怀疑人生，无所适从。内心思绪万千，一时间他不知道该怎么办。父母的开导对他起到了至关重要的影响，范晔的母亲告诉他：“只管去做，只管去闯，累了困了就回家来，妈妈给你做好吃的。”而父亲告诉他：“家永远是你最坚强的后盾，不管发生什么事都还有你老爸。”就是这些带有正能量的话，让他克服种种不适，一直勇往直前。

许多时候我们喜欢向优秀的人学习，对于这个问题，范晔他是这样认为的：“最优秀的人其实是父母，有了他们才有了优秀的自己”。

工作步入正轨之后，范晔感觉适应了现有的工作，但是又会碰到所有企业都会经历的疯狂生长时期。范晔的经历：

“没日没夜的加班，工作五十个小时只睡了两小时，还有一次起了个大早工作到凌晨还没有吃饭，没有喝一滴水，外卖到了，又开始忙了，于是夜宵变成了早餐，直到身体抗议，但凡早上 10 点不吃饭就“催”我，但凡中午 1 点不吃饭也“催”我，但凡晚上 7 点半不吃饭还“催”我，从那以后我就下决心到了点尽量先吃饭。

以上故事来源于范晔工作 4 年经历，很辛苦，但是他不遗憾，年轻时为了事业无所畏惧，但是生活、家庭、工作请尽可能平衡它，别让余生后悔。

他说，他希望以后的他工作时效率极高，下班后积极健身保持身体健康，定时定点准时吃饭，专心致志陪孩子做功课，陪妻子逛商场，带着父母去旅游。目前他正在朝这一方向努力，目前虽还不能完全达到，可能是因为“苦”还没有吃够，经历也还不够，能力还不够，以后应多实践工作、学习本领，与比自己厉害的人同行。

范晔想对学弟学妹说：“我希望你们富有想象力，你们拥有天马行空的想法，你们身上的正能量爆棚，你们的创造力足以改变世界，你们务必仔细冷静地想想未来要做什么，相信我，家人、亲朋好友都会不遗余力地帮助你，你不应该浪费你的时间，行动起来，规划自己的目标，勇往直前，天天向上，希望正能量一直陪伴你。”

铭记感恩之心，点亮希望之光

学生时期

聪明在于勤奋，知识在于积累。郑宗忆虽然因高考失利与心仪的学校失之交臂，很庆幸的是，专业老师发现他对画画的兴趣，建议他选择了艺术学院，就这样，设计开始慢慢贯穿他的职业生涯。

2013 级建筑室内设计专业　郑宗忆

郑宗忆是一个特别要强的人，无论学习、技能比赛、学校社团，他都努力要求自己名列前茅，这个要强的个性在之后的职业生涯中成了他的闪光点。他之所以选择室内设计这个专业，是因为他在第一学期上了一堂黄老师的手绘课，老师纯熟而高超的手绘能力让他印象深刻，也打动了郑宗忆，让他毫不犹豫地在心里默默许下了要成为一个出色的室内设计师的愿望。

2016 年暑假，郑宗忆和

另两位同学一同去了一家偏僻的装修公司实习，1600 元一个月包吃包住，当时辅导员老师还不放心，大热天转了三四趟公交车，专门跑过来看他们，这样的老师真的让人感动。暑期结束，另外两位同学结束了实习，郑宗忆却决定边实习边做毕业设计并准备考证，当时他认为实践经验能带来不一样的知识和价值，辅导员非常支持他的决定并帮助他实现了愿望。在艺术设计学院的专业学习为他进入职场打下了良好的基础，让他能很快融入毕业后的工作中。

设计启蒙

与大多数应届毕业生一样，郑宗忆怀揣着的美丽梦想被低薪资、超时工作破灭。班上的男同学大多数选择了画效果图，女同学则大多数选择画施工图，他也一样从效果图开始入门设计行业。是南洋学院的专业老师，让他重新认识了设计师这个职业，让他知道设计来源于改变，给了他当一名设计师的机会，也培养了他多元化的思维方式和表达能力。

换个方式做设计

硬装设计师，需要长期熬夜加班，灰头土脸地在工地上记录和解答疑问，很多人都选择放弃，而郑宗忆义无反顾地坚持下来了，因为他的信念就是：人生贵在坚持！在设计师的职业生涯中，他习惯于半年一小结，一年一总结，也不断地给自己定计划，这也导致他经常会因为一些小细节感到困惑。一个偶然的机会，他入职到隐仕家居有限公司，成了甲方，用甲方的角度去看待设计方案，公司给他提供了一个完全不同的平台，让他明白了设计对品牌的意义和设计落地的重要性。

世界那么大，应该去看看

有句话说：“贫穷限制了想象力。”郑宗忆认为这个说法不正确，从另一个角度来看，人还是因为眼界不够才使想象遭遇瓶颈。他喜欢到不同的城市走走看看，特别喜欢具有民族气息的地方，在那里能够感受到中国古建筑的宏伟而精细，也能感受到不一样的人文气息，他认为将这些融入设计中是一件很有意义的事情。另外，去考察、体验不同的设计风格和空间，看当地有名的建筑，入住特色酒店，多看多学习，开阔自己的眼界，也是非常重要的事情。除了自身能力需要提高外，他也给了团队每一个员工开阔眼界的机会，每年会组织一次团队外出考察，去体验不同的环境和文化，入住不同风格的酒店，参观具有当地特色的建筑以及空间，带动团队共同成长，为公司的未来谋求更好的发展。

情系母校，反哺家乡

落其实者思其树，饮其流者怀其源。

——庾信《徵调曲》

繁华落寞的浮世，一语尘墨的默许，已逾无悔的选择，如凡事无尘的喧闹。如果人生注定是一场若梦的浮世，在那些风雨缥缈的日子，又何惧于一世坎坷，从不愿命运如此不公，若浮生有你，就是一粒尘土，在我飘落的时

2009 级物流管理专业　洪耀明

候，择枝落在你的胸怀，育我重拾励志，锻我刚强意志，亮我前途光明。

2007 年那年秋天，如烙印般永远烙在洪耀明的心头，那也是他陪父亲走完的最后一个秋天。身为独生子的他，忽然感觉天塌下来般的无助与无力。那时的他深深陷入了迷茫，感觉世界只有黑白两种色调，失去了对多彩生活的期许，失去了对未来的规划，失去了对人生的希望。2009 年 9 月，因无心学习，高考失利，桀骜不驯的他，一个人，一个包，一辆摩托，从此踏进南洋的校门，开启了在南洋的大学生活。

当时有人问他："你觉得大学应该是一种什么样的生活？"那时还懵懂、迷茫、叛逆的他是这样回答的："大学，或许就是泡妞的天堂，放松的场所，结交来自五湖四海的兄弟姐妹的圈子，展现真性情的舞台。"直到遇到他人生的导师——辅导员王五虎老师，他才深深体会到，原来他对大学的认识太片面了。一头成年的狮子，只有遇到一个能够征服它的人，它才会信服。洪耀明感觉自己就是那头狮子，而辅导员就是那个能够让狮子信服的导师。外来的学子，总能够在辅导员身上体会到一股正能量和来自兄长般的关爱，他还记得当时一位同学半夜发烧，辅导员亲自骑摩托车送他到医院接受治疗并陪伴了一个晚上直至退烧。

洪耀明说："辅导员教会了他如何做事，如何做人。"大学期间身为班级组织委员的他，班级的任何一场活动，辅导员都会叫他做一份活动策划书，并且不厌其烦地教他如何做出一份好的策划书。从那时开始，他就习惯了每组织一场活动或者策划一个项目，都会先做出一份令自己相对满意的策划书出来。让他最印象深刻的是辅导员对学生的严格要求以及对待工作的一丝不苟，他记得辅导员曾说过一句话："在南洋学院，不仅要学会知识，更要学会做人，而做人第一位的就是要诚实守信，要有时间观念。"他班级的同学每天都是提前十分钟早早到教室准备上课，现在讲起来，洪耀明都颇感自豪。因此，南洋学院给予他的不单单是一个温暖的大家庭，一个知识的海洋，更是一间锻炼意志和能力的兵工厂，这些都为他后来步入社会成为一名稳重、成熟、守信且有一定组织领导能力的村支书奠定了基础。

匠心筑梦，助力乡村振兴。2016 年，他被任命为福建省最美乡村之一的厦门市翔安区新店镇吕塘社区党委支部委员，主要负责综治协管、农林水协管、文书等工作。他刚当上社区党委支部委员就遇到了挑战，2016 年第 14 号超强台风"莫兰蒂"在厦门翔安区登陆，他所在社区两委干部带领党支部、生产队小组干部和防汛人员及时做好泄洪、危房人员转移及低洼地带人员转移等工作部署，确保将社区损失降到最低，无一人受伤。

2018 年 6 月，洪耀明当选社区党委第一副书记。作为第一副书记，让社区居民都能过上美好幸福的生活是他最大的愿望，吕塘社区人口众多，由七个自然村组成，如何提升居民对居住环境的安全感和幸福感，这是洪耀明常常思考的一个问题。他根据社区得天独厚的地理位置，积极配合政府制定乡村振兴的改造计划，努力打造福建省最美乡村，大力发展社区旅游业。2020 年春，新型冠状病毒肺炎疫情蔓延，他领导社区干部齐心协力，组织起各包村干部、各小组居民和党员志愿者在村口进行 24 小时设卡安全排查，组建机动小组对社区出租房内的外地人员进行滚动式排查，开启村村响喇叭进行安全防护宣传，增加居民的安全防范意识。疫情防控期间，因为措施得力，社区无一人感染新冠病毒。

几十年栉风沐雨，春华秋实。几十年耕耘不辍，薪火相传。回顾过去，他们无比自豪。展望未来，他们自信满满。忆往昔，格物致新，多少风雨话沧桑。看今朝，厚德泽人，更续辉煌誉五洲。

现在的快乐学习，曾经的天天向上

“苟日新，日日新，又日新。”这段话是昔日汤商刻在吃饭的盘子里的，时刻勉励自己，勤奋努力，天天向上。

在布置温馨的龙岩市新罗区龙腾培训学校里，廖倩威校长回忆起当年的入学情形：第一次翻开那份大学录取通知书时，眼睛里有泪花在涌动，她明白，未来已到来。然后，她抬头，微笑，望着天，憧憬着她的大学生活，憧憬着她的梦想。

犹记得，来南洋学院那天，在全家人的陪伴下，她踏上了大学求学之路。看着车窗外的景色，金色的阳光，蓝色的天空，仿佛正与她此时的情绪

2014 级电子商务专业　廖倩威

相呼应。远离那熟悉的家乡，要去一个陌生的城市生活，心里是不舍的，毕竟阔别了那萦绕了她十八年记忆的地方，远离了朝夕相处的亲人以及那些熟悉的朋友。

当她收拾起回忆，踏进那以前只在她梦中出现过的大学校园时，心情是激动的，那里将是她青春的主旋律。或许那里没有她想象中的大学殿堂那么大，那么豪华，但走进那里，她不经意地想起了两个词：干净、清新。是的，那里给她的感觉就是干净、清新。那花坛里五颜六色的花，是那么娇艳欲滴；大片大片的草坪，绿是唯一的色彩，是那么有生气，让人情不自禁地闭上眼，深呼吸。汽车驶入校园，热情的学长学姐积极为她们引路，宿管老师亲切地询问专业并给她安排宿舍。初踏校园的她从未想到未来的每一年她也成了积极引路、友善发放物资的那个学姐。

她是一个对待生活乐观用心的人，不久便适应了学校的一切，这也标志着她的大学生活正式开始。一个没有激情的人，就如一只折了羽翼的小鸟，永远都不能高飞。她不愿做那只折了羽翼的小鸟，因为她不愿让她的激情和梦想都被地心引力所禁锢，飞不高，也看不远。

大学和高中有很多不同。高中多数的时间都在教室里度过，从早到晚排着满满的课，生活就是：一头扎进书丛中，两耳不闻窗外事。而在大学，课不多，教室并不固定，因此，培养自学能力尤为重要。在学长学姐的引导下，她进入了社团联合会办公室部门。她大学的目标很单纯："好好学习，谈一场恋爱，积极参与社团活动。"她告诉自己"简单、善良地对待身边的每一个人、每一件事"。

她是幸运的，在南洋认识了那些男孩和女孩。社团生活占据了她大学生活很大的一部分业余时间。人们都说中学的友谊很真、很纯，喜欢你就和你一起玩，一起笑，难过的时候，能够在好友面前毫无掩饰地发泄自己的情绪，这份透明的友谊无疑是让人难忘的，因为它很纯粹。可在大学里，这种透明的友谊是否还存在呢？也许因为上大学的她们都成熟了，经历得更多，更懂得去珍惜身边的友谊，人与人之间学会了尊重，学会了怎样去沟通，怎样去相处，不再任性。她们每天一起组织活动，一起吃饭，一起玩，一起笑，一起分享各自的小秘密，整天朝夕相处，难过的时候她们会安慰你，孤独的时候有她们在身边陪伴你，失落的时候她们会安慰你，谁又敢质疑这样的友谊不真呢？

这是一个花开的季节，正如她们的青春年华，有着人生最绚烂的时光。

年轻的她们，有一种感情一直都镌刻在她们心中，那就是爱情。中学时，这种感情是老师和同学都避而不谈的，她们只能带着青涩，将这种懵懂的感情隐藏在心灵的深处，夜深人静时，偷偷地念着你心中的他或她。而进入大学的她们，能够执着地追求属于她们的感情，带着天真，带着倔强和任性，相信这份爱能够天长地久，并为这份共同的小幸福而努力着，奋斗着，努力让自己变得更加完美，将这份爱化作大学生活和学习中的不竭动力。花园城市中的花园学校让这份空气都变得甜蜜蜜。那时的友情和感情是她们学习之余的主色调，这两种淡淡的色彩总让人在疲惫时候，感觉甜甜的，很温馨。

青春本就短暂，大学几年尤为珍贵。趁年轻，为何不放手一搏呢？因为她们还年轻，时间就是她们的资本。大学生活中，学习不再是她们唯一的要事，处理好人际关系，培养各方面的能力，对她们来说同样重要。新时代的大学生，要做到全面发展，才不会被这个充满竞争的社会所淘汰。

因此，该怎样去规划她们的大学，该怎样谱写人生中最华丽的一段旋律，是步入大一就应认真去思考的问题。

也许刚进入大学时，什么都不太懂，对自己的目标和未来的方向是迷茫的，可转眼间她们的新生生活已经步入尾声，即将成为毕业生的她们，生活不再包含太多的不确定性，对即将面临的各种等级考试和专业考试不能再抱着无所谓的态度。她们已经不再是孩子，应对自己的人生负责，应明确自己脚下的路要怎样走。廖倩威不愿在很多年以后，回忆起她的大学生活，有的只是遗憾和叹息。这几年里她过得充实，而且收获了很多。多年以后忆起这段时光，她嘴角仍会不自觉地上扬，并觉得这是值得她自豪和骄傲的时光。

把人生的每个终点都看作起点的起点，处于起点时，只有竭尽全力地奔跑，才能更靠近成功的彼岸。她不愿做那只折翼的小鸟，不愿永久地被地心引力所禁锢，她期望她的激情能带着她满载的梦想，一起翱翔于那片蔚蓝的天际。南洋的校徽，你懂它吗？

她的大学，注定不应用“平凡”二字来概括，她的梦想在那里起航，那是她青春的主乐章。

毕业后她进入了教培行业，身为老师，她才知道每位老师培养学生的良苦用心，身为南洋人的她坚定不移地认为“以人为本”才是长远之路。大学时她拿到过非常漂亮的成绩单，但是成绩单却没能给她带来她想要的体验。举办一场千人讲座、举办一次公司年会、举办路演秀、谈合作、带团队等所有的流程和人员分工，她都能清楚明了，感谢南洋，感谢社团联合会，感谢校领导的信任给了她主席一职。在南洋，她学到了太多太多并且这一切都被完完全全用到了她的工作中。不夸张地说，如果没有当时的努力，一定没有她的现在。

翔鹰大道、听雨台、未名湖、图书馆、莲花食堂、百果园、黄山路、创业活动中心、实训楼、教学楼、操场、阿里山路、女生宿舍……那一年的凤凰花不曾刻意记忆，却也不曾忘记。

栉风沐雨，方能破茧成蝶

历史长河的光环，是用人类的知识来涂写的。南洋缘分，缘于2007年的酷夏，吴美琼的职场篇章已在铺垫。

第一次听到厦门，她心中已决定要去这座城市。而学校，她选择了南洋。那时候，她对大学充满了期许，对南洋的师资、大学宿舍、大学校园环境等充满憧憬。她感觉人生真的冥冥中早已注定，非常幸运，她得到了班主任陈龙木老师的认可，当选为班主任助理兼学习委员，成为一名光荣的中共党员。

2007级物流管理专业　吴美琼

毕业多年，回忆起来，她依然觉得在南洋绽放了美好青春。南洋为她的职场生涯编织了一场又一场的充实和成长。往后与身边的朋友谈起当年的专业和择业选择，她总是自信满满地告诉他们，她是学物流管理的。

2010 年 7 月，吴美琼入职华祥苑茶业股份有限公司，开启职场生涯。职场前辈指教“年轻人要务实点、要脚踏实地、要学会吃苦”，一字一句在她耳边环绕着，她记心里了。从一位小职员到如今的管理者，一路并不容易，这个敲门砖是南洋给予的。

2017 年 9 月，她又荣幸被公司选定为金砖会晤厦门新闻中心的茶歇区负责人。整个新闻中心，3000 多人，汇集了全球媒体人士，包括新华社、《人民日报》、央视等。从初选到最后入选，经历了数次选拔、考查、培训、演练，她努力了，最终成功了。这不仅是一次简单的工作完成即可，而是一次关系到国家的工作任务，她务必要做好。在现场，她结交到了很多媒体前辈，同时也见到了各国的国家领导人，非常荣幸。

2019 年 11 月，第 32 届中国电影金鸡奖颁奖典礼暨第 28 届中国金鸡百花电影节闭幕式来到了厦门，也来到了她的身边。她又一次，很荣幸地被选定为第 28 届中国金鸡百花电影节明星休息区负责人。此次电影节是有史以来最盛大的一场，汇集 3000 多位明星，明星们走完红地毯都要在她负责的区域休息，等待典礼开始。现场，她也很有幸与喜欢的明星合影，零距离接触了 3000 多位明星，这是一次特别的体验，满足了她多年的少女心。

对，这都是南洋给她的第一步台阶，三年大学的各种经历、锤炼让她从一个从农村来的腼腆

的小姑娘破茧成蝶，毕业后加上自己的努力，才有现在的一切。

职场是锻炼成年人最好的战场，在这没有硝烟的“战场”上确实烟火四溢。多少次，她庆幸选择了南洋学院，感恩母校，感谢她的老班木哥以及南洋其他老师的指导。南洋的学习生活为她积累了很多经验，为她的职场做了铺垫。

希望她的分享，能给学弟学妹们带来一份信心，选择南洋，只会对，不会错。

桃李不言，自有风雨话沧桑

曾永锋从小就喜欢郑板桥的那首床头诗："衙斋卧听萧萧竹，疑是民间疾苦声，些小吾曹州县吏，一枝一叶总关情。"

在时光的流淌中，他已经离开这个承载他的梦想的校园 8 年了，在这里，他追求着他生命中动人的章节，谱写出自己走向成熟的小调。而在蓦然回首中，他惊奇地发现，这里已经成了他生命中另一个重要的地方，许多种情感在心中激荡……

2009 级物流管理专业　曾永锋

当年，他带着忐忑与迷茫踏进了南洋学院的校门，成了这里的一名学生。说实话，最初的他没有什么目标和梦想，他常常怀疑自己的能力，否定自己的选择，对明天不抱过多的希望，随波逐流。但当他抬头看见"勤奋、求实、拼搏、向上"的校训在礼堂的灯光下闪闪发光时，他在心底羡慕那些在主席台上领奖的学长学姐，能够登上主席台领一次奖也成了他进学校后的第一个梦想。如果说每个人的青春里都有一个关键词，那他的关键词便是奔跑，向着心中的梦想不断奔跑。

直到现在，他依然清晰地记得第一次走进校园的感受：全新的教学区、嫩青的草坪，郁郁葱葱，一切都充满了年轻的活力和生机。记得，大一的他们吵吵嚷嚷，来自四面八方；记得，第一次看到南洋学院的校门；记得，第一次在食堂刷卡就餐；记得，第一次在学长带领下畅游校园，第一次坐上750公交车，第一次的社团招新。当然，还有他最喜欢的图书馆。

也许是因为校园是新校区，所以文化底蕴与别的学校有些差距，但是徜徉在这里，依旧可以感受到一种别样的韵味。他很喜欢学校的湖，湖水很蓝很清，特别是在盛夏的季节，他喜欢在落日的余晖中，坐在湖畔，一个人仰望校园的天空。那时喧闹了一天的校园也静下来了，太阳慢慢地收敛热情，一切都是那样的静谧。深蓝色的天空也慢慢变浅，袅袅婷婷，绰绰约约，光和影有着不同的旋律，朦胧中漏出些清丽。用眼睛装满天空的蓝，是那样心旷神怡。心情不是很好的时候，他喜欢漫步在平滑的石板路上，路两旁铺满了鲜花，空气中满是清新的气息和花香，汇成缕缕的清香，漫过原本疲惫的心，释放着一种情怀。

如果说美丽的校景让他陶醉，那么，学校里蕴含的活力就让他为之不断地进取和努力。课堂上，老师尽心为学生讲授知识的内涵，让他们心中满载着无比充实的愉悦，这一切的一切都激励着他们学习。而学校也很重视学习，为了让大家有更融洽的学习氛围，学校每个月都要进行教学反馈以真正地了解学生的学习困惑来帮助他们……如果说知识是课堂和内涵结合的结晶，那么图书馆就是学生不可缺少的精神家园。没有课的时候，他喜欢到那里去消磨时间：在文学库里，徜徉在古今中外的时光隧道中，摄取着文学殿堂的宝物；在社科库中，学会在沉思中寻觅哲理的深奥，然后用一种全新的感觉去充盈生活。慵懒的时候他就到自修室去找一个靠窗的地方坐下，看着阳光射过透明玻璃的样子，耳边倾听着轻轻响起的沙沙笔声和哗哗的翻书声，给原本散乱的心注入无限的振奋，于是也就在不知不觉中投入这个队列中开始努力地学习。

记得哈佛大学有句名言："大学的荣誉，不在于它的校舍和人数，而在于它一代又一代人才的质量。"他觉得这句话真正阐释了一个学校的内涵，今天他们是一个南洋人，以南洋的荣誉为骄傲。而明天，他们应该让学校因曾经培养过他们而感到欣慰。年轻的学子们，用责任和义务去完善自己，去诠释自己，去施展才华，去绽放青春，去演绎年轻人的朝气，把每颗爱校之心聚集起，照耀年轻的梦想，带着年轻与梦想起飞。而学子们在多年之后再回首时，会发现南洋就是他们梦想绽放的地方。

2012 年 7 月，他走出大学校门，有幸加入了大学生服务社区的队伍，成为世界文化遗产“南靖土楼”所在书兴居委会的党支部书记助理。但是当他满怀自豪地说起自己是一名社区工作者的时候，本以为收到的会是赞许和羡慕，事实却并非如此，大家并不觉得这是多了不起的事，有些人眼中的社区工作者形象也许是这样的——考不上公务员事业单位的失败者，只会在村委会做一些闲杂事务，端茶送水、打扫卫生，顶多就是收发个文件。可是这两年的工作经历，却是他迄今为止的人生道路上感受最深、成长最快的一段时光。深入农村，贫穷使他感同身受。记得第一次下村走访，来到贫困户家里时的场景，他应该一辈子都不会忘记：仅有十几平方米的土屋里住着他和他智障的妻子和两个小孩，烧火煮饭的灶台在大门口，台面上除了一片漆黑，什么都没有，智障的妻子蜷缩在用破布隔出来的“卧室”角落。从前生活在父母的避风港中，虽然听说过、想像过农村生活的样子，但是当他真实地看到贫困群众，真实地站在破败的房屋内，真实地看到他们渴望帮助的眼神时，他才真正感受到了他们生活的艰辛与不易，这是在家与学校感受不到的经历。

小的时候，见到警察总有一种不寒而栗、不怒自威的感觉。但在害怕的同时，一种强烈的安全感也扑面而来，这一刻，步子好像变得更加轻盈踏实了，头也抬得高高的，内心感觉很充盈。那个时候，他就想以后长大了也要当一名警察。

时光荏苒。如今，他真的当了警察，现在想起来，仿佛一切都还是昨天。

从警六年的时间，让他记忆犹新的是：第一次抓获逃犯的激动与紧张，第一次办理业务的疏忽与大意，第一次接待群众的忐忑不安，第一次被不理解的群众气得泪流满面……

记得刚到派出所的时候，他看着简陋的派出所，心里想着这个跟农家院一样大小的地方真的是派出所吗？它一点也没有他想象中那么威严。领导还没有给他适应的时间就开始安排工作，内勤工作杂乱无章、千头万绪，社区工作就是每天跟各种各样的人打交道。繁重的工作让他常常烦恼，也常常抱怨。有一次他实在觉得自己的工作太多，去找所长希望能减少工作量，所长听完后，沉默了一会儿，然后看了他一眼，对他说："如果你不喜欢，可以不干；但是既然你选择了干下去，就不要那么多抱怨。"轻轻的一句话，却一下子让他哑口无言，甚至有点羞愧难当。他想了好几天，越想越觉得他的话有道理，而他对待事情的态度也确实需要改变。诚如所长所说，既然是你自己的选择，就不能抱怨，尽管不免有这样那样的不满，但与其毫无用处地怨天尤人，不如多加努力，尽力改变。有段时间，他工作很不顺利，一次在单位受了委屈，心里很不舒服，当时他师父找他谈话，师父的一句"有所付出才能有所得到，不要期望不劳而获"让他牢记至今，即使有些事你不喜欢，但既然给了你报酬，最起码应该完成任务吧。虽然谁都有惰性，谁都希望有投机取巧的时候，但不管怎样，脚踏实地、一分耕耘一分收获才是值得赞许的。

每当路过群众家门口，看到老百姓主动递过来的椅子、端过来的茶水，听着嘴里说的感谢，都能令他感动，都让他觉得在基层工作苦点、累点，值得。

2016年"徐玉玉案"轰动全国，一个诈骗电话骗光了山东临沂准大学生徐玉玉的全部学费，也骗走了这个18岁女孩的年轻生命。徐玉玉的不幸死亡，暴露出的是电信诈骗背后那些仍在张开的缺口与黑洞。记得当时，他们派出所获得线索，其中一个公安部A级通缉令的犯罪嫌疑人可能潜逃到平和县坂仔镇投靠亲属，当时他们立即组织民警布置抓捕该网上逃犯的工作。他第一眼看到逃犯的相关材料时，就想起曾在某小区见过逃犯。当时他们组织人员在其小区蹲守，逃犯一旦再次在小区现身，就成功将其抓获。

春去秋来、寒来暑往，伴日出，迎晚霞。日复一日、循环往复的日常生活和工作，没有轰轰烈烈，只有平平常常。虽然，有时会失落于这枯燥乏味的工作，惆怅于这平常无趣的生活，但他更醉心于在基层这两千多个日子铸就起的点滴收获。没有丰功伟绩的答卷，没有惊天动地的壮举，更难觅出生入死的惊险，但正是这普普通通的从警日子，实实在在的基层工作，使他尝到了公安工作的酸甜苦辣，懂得了什么叫付出，明白了什么叫收获，也正是这平凡中铸就的经历使他更懂得了"警察"这两个字的真正含义。不畏浮云遮望眼，人间正道是沧桑，心底无私天地宽，直挂云帆济沧海。在平凡的岗位上长期坚持就是不平凡，在普通岗位上默默奉献就是不普通。

不放弃，总有一盏灯为你而亮

众里寻他千百度，蓦然回首，那人却在，灯火阑珊处。南洋学院是林航人生舞台的一个起点，从辅导员到专业课老师的认真负责，像是一个个灯塔指引着他前行。直到现在，他所从事的行业都与自己的专业息息相关，他觉得从大学里汲取的知识，使他在工作的道路上事半功倍。

在南洋学院的这三年，不仅仅是完成学业，丰富的校园活动也让他一次次突破自己。2011 年，他成为新浪微博南洋学院校园大使，他带领着团队和学生会、校委会合作了 30 多场活动；同年，他获得了中国移动的认可，成为中国移动南洋学院负责人，组建了 10 人团队完成了 20 多场的线下活动，整个团队也帮助了大学城周边的厦门安防学院、厦门海洋学院、厦门演艺学院等完成落地活动，获得了大家的一致好评。美好的大学时光就在此落幕了。与其安于现状，不如趁年轻多折腾。

2010 级广告设计与制作专业　林航

时光荏苒，大学生终将要步入社会，充实的大学生活让他掌握了一个又一个的工作技巧，他毕业后的第一份工作就是新媒体运营经理，他独当一面而且完全胜任这份工作。努力很重要，更重要的是选择。两年厦门的工作生活满足了他“安逸”的心，然而，他毅然选择了充满挑战的北漂生活，有心酸、有泪水，但是他始终告诫自己，吃得苦中苦，方为人上人。

北漂如梦，大城市的光芒异常耀眼，他住过潮湿的地下室、挤过天通苑的地铁、没日没夜地加班。但是他始终不忘自己的初心，在积累知识和人脉的同时也不断探索学习。

2016 年，他毅然选择了创业。都说创业是条不归路，确实一旦走上了这条路，就很难回头；你肩负的不仅仅是自己的生活，你得扛起公司所有人对你的信任。在广告行业，公司得不断吸取行业的最新动态，树立自己的品牌；从获取客户的工作简报到头脑风暴找线索，再到方案的策划和后期下工厂去盯物料制作，前期的创业，公司以一己之力扛下所有。

很庆幸，在创业初期，靠着团队的努力，他们圆满完成了与京东美识、一汽丰田、英特尔、中国银行等大型品牌的合作，也优化了公司的整个供应链生态，现在他们合作的执行子公司遍布全国 50 多个城市，合作高校达到了 1500 所，服务的品牌近 40 多个。他们仍然在不断地学习和成长，他们需要奠定更多的基石去增加他们的抗风险能力，渗透进更多的领域，进行整体布局的横向发展。

以上这么多相对成功美好的事情看起来挺优秀的，殊不知，一路走来的心酸也藏在自己的心里。北漂没有那么如人所愿，更没有公务员一样稳定。林航遇到过上班的公司倒闭、部门裁员、公司发不起工资、公司资金链断裂，那段时间自己只能咬紧牙关一路扛下去，用最快的时间调整好自己的心态再出发，找到属于自己的突破口。他的脑海里从来没有过退缩和安于现状，因为他退了一步，可能真的连房租都交不起。这是很现实的生活，但是不要怕，你的努力也不会被辜负，不管多大年龄都不算晚，只要你的意志力不动摇，是金子总会发光的。

如今他看到的世界越来越大，要学习的东西也越来越多，他想告诉学弟学妹们：只要不放弃，北上广深总有一盏灯是为你而亮的。

有梦想谁都了不起

人道有情须有梦，无梦且无情。赖惠艺离开南洋六年了，却越来越像一个南洋人。闽南语中有一句俗语：离乡不离腔。她想，这说的就是她。

2011 年的夏天，她和大多数高中毕业生一样，奋斗在高考的考场，之后查成绩，择校，等通知书。当时无知懵懂的她并没有察觉她将和影响她一路走来的厦门南洋职业学院深深地黏合到一起。

九月果香，九月菊黄，你我却仍闻到，三月桃李的芬芳；秋高气爽，丹桂飘扬，你我仿佛看到，未来播撒着希望。因为这时，南洋迎来了一群璀璨的星。

2011 级国际经济与贸易专业　赖惠艺

那一年，她才大一。新学期，新气氛，新感觉，大学的活动丰富多彩，眼花缭乱，各种社团、学生会部门让她充满了激情。她怀着激情和锻炼自己能力的目的加入了学生会外联部，报名了瑜伽社团，然而，这些并没有让她安于现状，那个时候她对自己的要求很高，不安于现状的她经过自己的努力，在专业课后又自考了会计资格证、小学教师资格证、中学教师资格证、舞蹈教师资格证，准备自考本科、申请入党等。而这一年她才刚进校！

花开花落，光阴似箭，她大二了，她一直在努力改变现状，她是一个不满现状的人，她想只有学习好自己的专业知识，不断扩展自己的知识面，不管是经济学、教育学、财经学、关系学、心理学……了解各种各样的社会信息，为自己今后在社会上有一席之地打下根基！于是这年，她在课余时间，开始寻找实习机会。印象最深的是，在女生宿舍楼下的学生创业平台就有114平台在招兼职，从一个方格子间，一台电话，一副耳机里，她作为一个普通的初出茅庐的求知少年，看到了厦门之大之美之发展，看到了未来可期。

匆匆三年，实属短暂。听雨台上有她们晨读时的阵阵朗读声，翔鹰大道上有她们意气风发的青春，南阳湖记载着她们热血澎湃的倒影，学生创业中心大楼前的小广场更是记录着她们每一次站在舞台中央的闪耀。

南洋三年，在她的人生路途中，不仅是知识的积累，更是正确的人生观、价值观不断形成的过程，而人生观一旦形成，对一个人的一生都有难以估量的影响。所有这些能力和思维模式的获得，都是她三年学习的最大收获，这也必将影响她一生的发展。在以后的生活中，积极向上，笑迎坎坷是她的动力；爱国爱家，踏实进取是她成才的基石。

春去春来，花开花落，在这个特别的春天里，撷一片春光装入信封，飘过万水千山。当你轻轻地打开，母校已然花香四溢。“庭种南中树，年华几度新。已依初地长，独发旧园春。”南洋如今已“映日成华盖，摇风散锦茵”。她相信，有学子们的热爱与向往，厦门南洋便能永远如烟花般绚烂。

人生灯塔，照我前行

世事洞明皆学问，人情练达即文章。

转眼间，离开南洋已有两年之久。他很荣幸，能够再次收到母校的关心，在这里为母校送上最诚挚的感谢！

曾志豪与南洋的渊源，还要从2015年说起。2015年高考结束后，他很迷茫，不知道自己将来将何去何从，他尝试着去了解过很多学校，听到的最多的话就是："同学你想读什么专业？"其实，当时的他连大学有哪些专业都不清楚，又该如何做选择呢？

2015级市场营销专业　曾志豪

直到他遇见南洋。依旧记得校园开放日那天，一位很文静的女老师带着大家走进校园，她非常细心地告诉大家学校的基本情况、完善的教学配置、雄厚的师资力量、优美的校园环境、丰富多彩的大学生活……

或许，这就是所谓的"一见钟情"吧，很快他就成了南洋学院的一员并且对即将开始的大学生活满怀期待。通过层层筛选，他加入了学生会，成为一名班委。在一次次组织活动中，他陆续认识了许多优秀的同学。慢慢地，他一开始很迷茫，逐步学会为自己设立目标，尝试着做有意义的事。比如：加入学生会、定时参加体育运动，经营自己的小网店，等等。这段学校生活的铺垫也帮助他在毕业后，快速融入快节奏的工作中。

其实，对他影响最深的是辅导员一席简单的话语。刚刚进入大学，许多同学还带着高中生的稚嫩，加上对学校的陌生，开始抱怨食堂不好吃、晚上 11 点就要断网、军训太辛苦、宿舍环境差……在学生时代，大部分同学还是比较没有自己的思想和独立的判断能力，越来越多同学也加入了抱怨的队伍，当然也有了一点小小的委屈和后悔。在这个环境中，学习的热情逐渐褪去。有一次辅导员老师在班会上听到了同学们的声声抱怨，对大家说了这么一句话："同学们，环境并不能决定你们的未来，但是你们自己可以决定自己在大学未来的三年。得过且过也是过，认真对待也是过，完全取决于你们自己，如果你们觉得学校不够好，那你们可以争做学校中最好的学生，但是如果你们还没做到学校最好，那么请你们加油!"辅导员的这番话点醒了他，往后的日子里，他常常利用空闲时间做网店兼职，和学生会的小伙伴在头脑风暴中讨论如何策划一个有创意的活动……这样的生活持续了三年，他沉浸其中，乐此不疲。

三年转瞬即逝，他也到了毕业实习的时候，带着一身技能和组织策划活动的经验，他顺利通过了第一家公司的面试。这家只招本科以上学历的公司，却破格录取了他，这给予了他极大的动力。很快，他就掌握了公司的基础业务，同批一起进公司的同事都是本科学历应届毕业生，而他超越了他们，成为第一个开单、第一个晋升成组长的职员。事实证明，学历固然重要，但是能力更重要。此时再次回想起辅导员的那段话，他仍深有感触，他不一定要做强者中最强的，但是他可以努力做所处环境下最厉害的。

大学毕业后，正式成为"社会人"的他在职场摸爬滚打，也遇到过很多问题，但他还是告诉自己，即使毕业了，自己依旧是"社会大学"的一名同学，抱着南洋"爱拼才会赢"的精神，一边虚心学习、一边为接下来的工作和生活做打算。两年多，他去过三家公司，他很庆幸自己遇到的老板都有想法且领导力强。工作中，他也做了一个总结：只要在公司里为人谦虚、态度端正、有责任心、不抱怨、埋头苦干，一定会受到上司或者老板的欣赏，是金子总会发光。

由于心中一直有着一个创业梦，2019 年年底，他离开了很多人想去的大公司，回老家准备创业。在这期间他也和南洋的老师聊过自己的想法，老师们给了他极大的勇气，也给了他很多指导性的意见，令他受益匪浅。都说万事开头难，创业初期遇到了许多之前在公司作为一名普通职员没有遇见的问题，因为所处的立场不同，他在普通职员与经营者的角色转换中吃了很多亏。就在他身心疲惫的时候，有位做同行的南洋学长找到了他，通过一系列交流，很快他的问题迎刃而解，同时也为他的公司减少了很多损失。当时他心中莫名感动，虽然已经离开南洋，但是他的南洋老师和同学们却依旧陪伴在身边，给予了他不遗余力的帮助。

他还是那位曾经的同学，从前的少年，他时常也会回忆起在南洋的点点滴滴以及学校老师给予的谆谆教导。道路的前方有南洋为他开启的一束追光，不说再见，永远怀念！

饮水思源，续写华章

学园忆

落其实者思其树，饮其流者怀其源。

时光飞逝，转眼间陈益洲已经毕业 15 年了，回忆往事，仿佛在昨日。2002 年高考成绩出来后，因为成绩不理想，一个机缘巧合他知道南洋学院在招生，学校座落于美丽温馨的花园城市——厦门，他毅然选择了南洋学

2002 级市场营销专业　陈益洲

院，怀着忐忑和憧憬的心来到美丽的鹭岛，踏上了大学的征程。还记得校部在何厝，一个相对偏僻的地方，他在陌生的地方和来自五湖四海的同学从开始军训时就慢慢喜欢上了大学的生活，一下就冲淡自己心中的忐忑感，心中更多是欢乐和憧憬。因为他学的是市场营销专业，班里好多同学都多才多艺。那时候网络才兴起，但是同学们说得头头是道，他听得乐此不疲，想到接下来要和这些朝气蓬勃的同学共同度过三年大学生涯就非常安心。他记得，来到南洋学院给他印象最深的是他们的班主任林伟杰老师，班主任对这些外地来的学子非常关心，不管是学习上还是生活上，老师的细心让他们很快就融入大学的生活中。在南洋的三年，陈益洲不仅收获了友谊，也收获了自己的事业，他说："南洋给了我一个展示自我、实现自我价值的平台，也为我将来创业打下了一个非常坚实的基础。"

创业路

陈益洲的家乡在莆田市荔城区北高镇。从 20 世纪 80 年代他就开始在全国各地从事珠宝加工零售行业，在一个亲戚的介绍下，他来到美丽的四川南充市，在一个新开的珠宝商场做实习工，从此便和四川结下了不解之缘。那年的珠宝市场才开放，全国的珠宝店如雨后春笋，到处开花，他实习的店规模大，投资也非常大，公司领导对这批实习的学生格外照顾，同时也更加严厉并殷切地希望他们能学有所成，尽快成为公司的储备干部。俗话说隔行如隔山，他从对珠宝一无所知到渐渐学会验金、维修等专业知识和基础管理，因在南洋学的市场营销知识加之不断刻苦学习，仅仅一年多的时间，他在 2006 年年底就被提升为经理助理，专门负责店内营销和市场广告投放，他的努

力得到了领导的认可，2007 年又升职为部门经理和市场拓展负责人，他的工作能力也得到了很大的提升。2008 年汶川地震后，四川作为灾区，国家给了非常大的资金扶持灾后重建，也大大刺激了四川人民的消费信心，珠宝市场迎来了非常好的拓展机遇，公司在整合了资源后成立全新的品牌“爱恋珠宝”，决定重新布局川渝区域。经过三年的学习沉淀及对市场的预判，他主动向公司申请到四川达州负责区域市场拓展，最终在公司及家人的大力支持下，达州首店正式开业了。

成长路

陈益洲开了属于自己的珠宝店，才知道创业远比自己想象的要难很多，所有事情都要亲力亲为，新品牌在当地没有知名度及影响力，在初期出现了前所未有的压力和挫败感。这时候他没有放弃，不断请教珠宝前辈及南洋的老师，向他们虚心请教创业之道，认真落实，不断调整，终于功夫不负有心人，店里在 2009 年业绩慢慢好转，在 2010 年业绩稳定后，他开始思考，大学老师教的企业发展之路及品牌意识，绝对不仅仅是只开一个店并安于现状，他看准这个市场的发展潜力后大力发展分店并加盟国内一线珠宝品牌。他陆续在各黄金口岸、商场、购物中心开设 11 家分店。在公司发展的同时，为了更好地融入当地的商圈，他先后成为达州市福建商会常务副会长、通川区政协委员、市区两级新的社会阶级人士、市区两级公安局警风警纪特邀监督员等，也为公司在达州斩获了很多社会荣誉并积极参与社会公益事业，稳固了企业的发展，大大提升了自己的各项能力。

陈益洲说：“我的成长离不开南洋，南洋‘天天向上’的精神，不断鞭策着我，在校期间学校的育人精神给我带来了永恒的精神财富。我也深深牢记，低调做人，不忘初心，为自己的事业而奋斗一生。”

南洋，渲染一路的春天

生活中，我们边感叹生命的不幸，边等待希望，时间像一只顽皮的小精灵窃笑着与我们擦肩而去。时间一天一天过，童年的无忧无虑早已如梦般散去，少年的浪漫往事，也伴随着日历，飘逸在岁月的风中。时不飞逝，往事烟云如歌，也只能存在记忆的光盘中，而未来的时光又如一条无声的河流，在浩浩荡荡、义无反顾地向身后延伸。岁月如梭，然而，生命依然如苍穹的云朵那般轻盈，又如春天的原野般美丽而恬静……

2009 级物流管理专业　李亚伟

打开人生的第一页日历，就如掀开一张崭新的图画，岁月的年轮在春天的脚步中增长，生命在风的呼吸中升华。

2009 年 9 月，李亚伟离开从小长大的地方，来到陌生的城市。从踏入南洋校园的那一刻起，他的人生便开始了新的篇章。初入校园，同学们的友善使他一点也感觉不到自己是个2000多公里外的外省人，寝室的室友们相互帮助，有说有笑。中学时代，老师常说大学生活是多么惬意，走进南洋校园，他更加坚信了这一点。三年的时光里，他们有过欢笑，有过难过，有过狂欢，也有过寂寞。卧谈会畅聊甚欢，大学里爱情的萌芽，实习时的艰辛，毕业后各奔东西的伤感，大学生活总是像电影里演的那样，酸甜苦涩，那才叫完整。

转眼间，三年过去了。大家各奔东西，他也回到了家乡，通过自己的努力，成了一名国家司法警察。不久后，他也有了自己的家庭，工作虽然很辛苦，但每当回想起自己的大学时代，他总是忍不住嘴角上扬。

平凡是告别无知狂妄之后的深沉。现在，他在自己的岗位上，平凡地努力着，在平平淡淡的日子里享受宁静的美丽，享受人生的另一番情趣。他感到很满足。

学业终有成，十年磨一“剑”

“南洋是我最好的选择”

当初赵百剑选择南洋学院，是因为他知道南洋拥有良好的办学条件和一流的师资力量，也是福建省发展最快、经济特区中规模较大的民办大学之一。学校坐落在著名的“海上花园”城市——厦门，环境优美、交通便利、气候宜人、四季常青；大海、沙滩、蓝天、鼓浪屿构成了一道道美丽的风景线。学校坚持以人为本，走特色办学之路，特别注重学生的能力培养，强调

2009 级广告设计专业　赵百剑

“三型”：一是要求每一个专业的学生都要是会外语、懂外事、懂外贸、懂外交礼仪、知晓国际形势的“外向型”人才；二是要求每一个学生的知识结构多元化，是走向社会可以从事多种岗位工作的“复合型”人才；三是要求每一个学生都是不仅要学好书本知识，还要有较强的动手能力和适应社会的能力的“应用型”人才。在学校上学期间，他刻苦钻研所学知识，努力掌握专业技能，为日后创业打下了坚实的基础。

每每谈到大学学习时，他都津津乐道：在南洋学院学习的那段时光，是他人生中最美好的时光，也是他从懵懂走向社会的启蒙时光，是南洋教会了他成长，是南洋教会了他如何走入这个社会，是南洋在他迷茫的时候给他指明了方向。

“职场教会了我成长”

刚从南洋学院毕业进入社会后，作为一位职场新人，他也是四处碰壁，不知该何去何从。但是，基于在南洋学院学到扎实的专业知识，他有幸进入现在的电子商务行业，创办了温州针网网络科技有限公司。作为公司的创办者与管理者，在公司发展的过程中，他发现他的一言一行都影响着整个公司的业务。

曾经有人说过，你如果想找世界上任何一个人，只需要通过六个人就足矣。而每一个人，都在不同的群体中扮演着不同的角色，这些不同的群体，总能通过各种各样的渠道和方式联系到一起。工作中也是如此，每个人总是归属于某一个大大小小的团队，团队中的每一个人在岗位上的点点滴滴表现和反应，都能如同蝴蝶效应一样，通过业务链传递和影响到业务簇中的每一个人，区别仅在于受影响的程度不同而已。

赵百剑在创业的过程中总结出：是金子总会发光，哪怕被埋在了沙砾中！工作中都不同程度地存在这样或那样的问题，发现问题几乎是每个人都会做的，但解决问题并不见得是每个人都能做到的。因此，在发现工作中问题的同时，若能够将解决问题的方案一并提交，个人的核心价值也就体现出来了！否则，你就将永远是埋藏在金子中的一粒沙。他在工作中总能发掘出“金子”并给予相应的平台，任其发光。

在针网的管理工作中，他发现完整的工作计划是达到目标的必要条件，而在做好工作计划的同时，一个人的精、气、神能反映出一个人的工作状态。员工工作状态如何，透过一言一行、举手投足，就能充分展示出来。在互联网打拼的几乎都是年轻人，他们每天都应该像初升的太阳，朝气勃勃，精气神十足——表情是热切的，言语是快捷的，行动是风风火火的，思维是敏锐的。赵百剑善于抓住年轻人的这样一种精神状态来激励他们，给他们树立信心，充分发挥他们敢想敢拼的精神，完成每天的工作、解决工作上遇到的各种难题。

工作态度决定了一切，在能力和态度二者之间，赵百剑首选态度，就如同经济基础决定上层建筑一样，态度是一切工作拓展与创新的基础。他认为态度好决不能理解成听话，他要看一个人心态和意识的综合反映，如反映出对工作是否具有热情，对团队是否具有归属感，对公司是否具有认同感，是否愿意竭尽所能地全力完成工作。与其说是态度决定一切，不如说是心态决定一切。具有良好的心态，是完成个人发展、提升自我的基础。

梦想之花，绽放光芒

古人云："小胜靠力，中胜靠智，大胜靠德，全胜靠道，道乃德智力之和也。"

这里是他梦想开花的起点，有南洋，有恩师，才有他的成就。

曾浚英是福建漳州平和人，就读于厦门南洋职业学院17级广告设计与制作1班，是一名典型的"00"后返乡创业青年，他于2016年起在校自主创业，并入驻南洋创客家园302工作室，先后创办了"姿妍化妆品""云递科技""云水阁旅游集团"等多家企业，现任云递科技总经理，云水阁旅游开发集团总经理。出生于2000年的他，在这个本该安逸的年龄却选择了"不安分"。

2015级广告设计与制作专业　曾浚英

异想天开

曾浚英于2015年9月到南洋学院就读，厦门满足了他一直以来对大城市的向往，在南洋，他与城市接轨，与互联网接轨，并遇到了人生的第一个贵人。

秉承“不创新就会被淘汰”的理念，曾浚英的家乡是著名的琯溪蜜柚之都福建平和，生在大山，拥抱大山，漫山遍野的蜜柚多的时候采不完、运不出。一个偶然的机会，他从电视上看到了芦荟胶、芦荟面膜的广告，当时就想，植物、果实都可以做化妆品，自己家乡的柚子是否也能有奇特的功效呢？能否也做成像其他水果一样的护肤保健用品呢？

后来，他找来几个小伙伴，商讨打造一个属于自己的化妆品品牌，但这个想法却遭到了大多数小伙伴的反对。大家认为，从家乡的特产“柚子”中提取精华打造一款属于自己的品牌蜂蜜柚子面膜无疑是异想天开，天方夜谭，根本无法实现。面对伙伴们的反对，他没有退缩，依然坚持自己心中的梦想。

永不言弃

在那个炎热的夏天，他从家里抱着几个柚子，从家乡坐着单程需三个多小时的大巴车在厦门与平和之间辗辗转转，只为寻找对生物提炼术有专攻的人。那时，平和与厦门往返的车票都能够装满一个收纳柜了。

最终功夫不负有心人，在厦门大学生物化工研究所所长方柏山博士的引导下，平和柚子走进了厦门大学生物研究所的实验室，经过生物化验发现，柚子的多种元素中的确含有对皮肤保健的有效成分，后来在朋友的介绍下，他与广州的一家生物日化加工厂取得了联系，批量提炼蜜柚中的有效成分并生产加工成面膜、面霜、护肤皂等产品，并给它取了个富有民族气息的名字——“柚澜堂”。

品牌运作之初，便遭遇了资金以及销路的困境，生产量小，连工人的工资都拿不出，生产量大，销路又在哪里，执拗的他没有被困难吓倒，而是与有关厂家洽谈，采取“借壳生蛋”的方式解决资金问题；产品试生产，自己亲自到美容店搞推销、免费试用；为了打造蜜柚化妆品品牌，曾浚英严把产品质量关，将质量作为“柚澜堂”的生命。

一分耕耘一分收获！在一直以来的坚持下，第一款产品因效果特别明显而成为网络爆款，订单如雪花般纷至沓来，曾浚英赚到了人生真正的第一桶金。赢得了客户们对“柚澜堂”这个品牌的信赖，内心那朵艳丽的梦想创业之花也得以绽放。

越走越远

漳州姿妍化妆品有限公司的成立和运营让曾浚英得到了一定的资金和企业管理的经验，在创业的道路上越走越远。其实，创业前，他有过当外卖小哥的经历，当时一个人一天可以送几十单，有敏感的互联网嗅觉的他在当时已经嗅到了其中的商机，再加上当时 O2O 行业风口的推动，2016 年 11 月，他与几名小伙伴联合创办了漳州云递网络科技有限公司并任总经理，还在家乡平和打造了“恰好生活 O2O 便民生活服务平台”，励志为服务家乡百姓做贡献。

2017 年年底，福建省发改委将平和列入“互联网+蜜柚产业”试点，后来公司的团队以及项目被列入“互联网+蜜柚产业”，便民平台项目被收购，这是他人生的又一个转折点。在经手项目后他学习到了更加规范化的公司管理以及项目经营经验，更深入地了解到了互联网经济。

很多人问过他，你认为大学生创业合适吗？曾浚英说：“应该要先就业后创业，了解职场规则，在就业的过程中摸索商机，机遇始终留给有准备的人。”在 2018 年 6 月，他再次回到家乡落地项目，参与经营创办了“云水阁旅游集团”，现任集团公司总经理，在家乡开展振兴乡村旅游项目，开发了位于福建省漳州市平和县山格镇的“柚幻景区”，总体规划投资 1.1 亿元，目前已完成投资 2600 多万元，一期建设基本完工，打造了集“民宿、餐饮、娱乐、观光”一体化的文化旅游产业，提供当地就业岗位近百余个，精准帮扶贫困户、低保户 58 户，获得当地政府的高度认可与支持。

云递科技公司先后在漳州、翔安、集美陆续落地，同时也是福建省科技厅认定的科技型企业、福建省专精特新专向培育认定企业，云递科技为诸家世界 500 强企业、知名龙头企业提供物联网、互联网技术实施服务，获得了行业内的一致好评，现企业年营业额突破千万。

创业者是孤独的，别人看到的可能是耀眼的光芒，但不知晓背后那种敢闯敢试的精神、遭受挫折的坚忍、吃苦耐劳的韧劲。每个创业者和企业的成长都需要时间的沉淀，创业是个漫长的过程，需要坚持！凭着岁月赐予我们的年轻臂膀和满腔热情，我们全身心投入到追求梦想中，在奉献中诠释自己的生命，在奉献中实现人生的价值，在奉献中获得收获和愉悦，在奉献中不断回馈社会。

在“折腾”中找寻与发展自我

能战胜敌人的人是英雄，能战胜自己的是圣人，英雄战胜敌人，圣人战胜自己。

他是林志敏，2010 电子商务专业的南洋学子，因南洋学院在厦生活 10 年，也因南洋学院“折腾”创业 10 年。

南洋印象

2010 级电子商务专业　林志敏

2010 年，他原本收到了两份录取通知书，一份北京，一份厦门。他最终毅然选择厦门，其中主要有两个原因：一是厦门离家近，可以随时回家照看父母；二是报考时，厦门南洋学院细心地派专车接送他和其他毕业生到校了解南洋学院，令他感动。

2010 年 10 月，他因为入学报到时被亲切的团委学长帮忙拎包到宿舍，毅然选择加入了校团委，从事除了学业以外的新闻“事业”，开始了人生中从未体验过的大学生活。因为从小比较胆小，大学集体的温暖无时无刻不在影响着他，同时，南洋学子傲人的创业传统也在影响着他。

穷则思变

也许是因为他从小家境就比较困难，在他心中始终有一种声音——“要改变命运”，特别是到厦门经济特区，花销比较大，这样的声音一次又一次在耳边回响，入学教育时提到的“大学生可以兼职”让他看到了希望，从此，他成了一名自进入大学就开始创业的热血青年。入学那年他就和另外两个小伙伴开始了创业之旅，但因自己所学知识以及对社会的认知有限，最终失败了。在校三年的时间里，他运营过淘宝店，开过体育用品店，搞过大批量兼职代理、做过校园电子竞技活动运营、开过摩西咖啡厅实体店，这些经历似乎成了他人生中奇迹般的存在，不经风雨，难见彩虹。

重新定位

2014 年他决定放弃创业，开始了创业转就业的新生活。他仍然在延续自己的“创业精神”，也在努力提升各项能力，充实社会资源，人生信条中的“态度、责任、能力”也一直鞭策着他，无论在何种环境下，都要以创业的精神去做每一件事。三年时间的企业化实体店运营，涵盖了咖啡厅、咖餐厅、进口食品店、西点烘焙店等，他不断完善着自己对门店的整体运营管理，在此过程中也更加深刻地了解了全能独立店长对门店运营的重要性。

2017 年，他因厦门明客科技股份有限公司（以下简称明客）而再次蜕变，公司是厦门电子商务协会旗下公司，他入职担任其电商部副总监，负责明客电商部团队建设、项目运营等主要工作，包括旗下海峡电商创业园 \ 龙昌农村电商产业园项目运营，明客“明客云圈”电商平台筹备及运营，百年龙昌土楼规划修缮筹备运营工作。在职期间，他曾获年度优秀团队及个人荣誉证书。他不断完善自我并加深对新媒体企划、项目运作、平台化的互联网思维的认知。

在 2018 年年底，他应皇家印象（厦门）文化传播有限公司总经理邀请，加入并担任市场总监一职，负责旗下皇家宝贝儿童摄影品牌的市场运营工作、旗下皇家印象成人形象摄影品牌运营、市场规划、团队组建的运营工作，并取得骄人成绩。

华丽转身

2019年年底，皇家印象品牌转型升级正式启动，其联合中国人像摄影十杰昊天老师共同创立全新高端成人形象摄影品牌“昊天印象”，在公司主体厦门视界汇文化传媒有限公司担任股东兼运营总监一职，负责品牌运营、市场规划、团队组建、业务运营等相关工作，同年启动公司旗下轻形象写真摄影品牌“莱幸相馆”，面对纷杂的社会，用“轻点简单点”全新定义了品牌。

经过多年的项目筹建及品牌运营历练，2020年年初，他同厦门教育产业联盟启动了2018年筹备的学玩乐亲子成长顾问平台项目。他针对0～13岁厦门亲子家庭“学、玩、乐”三大领域的问题，提出解决方案，并整合厦门优质教育及亲子周边产业。他在厦门学玩乐亲子教育咨询有限公司中担任股东兼副总经理一职，负责品牌规划及运营、平台规划及运营、市场规划及运营、团队组建及管理的相关工作。

经过十年的“折腾”，志敏由衷感慨：“我见证了南洋的十年，也见证了鲁校长的创业精神，十年的历练，让我尝试过很多，也学到了很多东西，再十年的如今，我找到了发展方向，希望自己可以慢慢稳定下来。”他希望他和团队在2013年的植树节以创业的名义和母校发起“让创业之树扎根南洋”的活动。活动时共同种下的象征毅力的铁树越来越茁壮，也同时以南洋人的情怀，回馈母校、回馈社会。

青春奉献南洋

春是一年四季中最美好、最值得回忆的一段时光，而向洁的这段时光，正好身处厦门南洋学院。

凤凰花开　初入南洋

2004 年 8 月，向洁迎着鹭岛热情似火的骄阳走进了厦门南洋学院，就读于新闻传播与媒介经营管理专业。时值鲁加升校长等一行校领导到新生宿舍看望新生，他们亲切地询问大家来自哪里，厦门炎热的天气是否习惯，有没有什么需要帮忙解决的事……向洁第一次发现学校的领导和学生走得那么

2004 级新闻传播与媒介经营管理专业　向洁

近，这么关心学生，这也让送她入学报到的母亲更安心地将她交到了这所“把每一个学生都当作自己孩子”的学校。

在新生入学教育中，“专业介绍”是他们每个学生最想听也产生最多疑问的部分。可最出乎意料的是，给他们进行专业介绍的老师就是厦门大学新闻传播系的创始人——陈扬明教授。他认真细致的讲解与回答，让向洁及她的同学们对自己的专业都充满了希望与憧憬。

如果说“专业介绍”是新生入学的重头戏，那学生会、青年志愿者协会纳新更是令每个新生跃跃欲试，因为每位南洋学子都期待着有一块施展自己才华与锻炼自己能力的地方。经过层层的面试选拔，她加入了学生会和青年志愿者协会、艺术团。从那个时候起，学生会的宗旨“自我学习、自我管理、自我服务”便深深刻植入她的心里。

砥砺前行　展现才华

向洁标准的普通话和多才多艺，在南洋学院得到了充分展现，在一场《如何做一名合格大学生》的演讲比赛中，她精心准备，反复修改演讲稿、熟记演讲词，最终不负众望，获得全校第一名。同时向洁被学校更多的老师、同学们所认识，也因此成为学校各大晚会的主持人。

被推荐加入学生会文艺部后，她策划组织了多场文艺比赛与晚会，有时做得很累，受委屈，但“勤奋、求实、拼搏、向上”的南洋校训却时刻鼓舞着她，激励着她不要轻言放弃，及时总结经验教训，不断成长起来。

作为青年志愿者协会的一员，她热心公益事业，利用课余时间到敬老院、福利院，陪老人、孩子们聊天，讲故事，做卫生，每年厦门国际马拉松活动志愿者队伍中也都有她的身影。

入驻新校区　开启新起点

“我们要建属于自己的新校区了！”记得这句话让当时都还在租用场地作为学校校园的学生们兴奋不已。新校区建在哪？建成什么样？我们这届学生用得上吗？这些问题成了当时学校里的八卦头条。作为学生代表的她参加了学校组织的关于新校区设计方案的讨论会（学生组），在第二年的校领导见面会上就有同学问：“我们能住一下新校区吗？”鲁校长笑着说：“03 级可能不行，04 级的学生可以让你们去住一周。”当时大家都觉得鲁校长是在开玩笑，但在大三时同学们都要进行的驾驶培训便是在翔安区学习的，学校也真的在翔安新校区安排 04 级学生住上了一段时间，临近大学生活结束，学生们又到新校区感受了一把“属于自己的校园”。

在 06 级新生开学典礼上，向洁作为老生代表发言，她现在怎么也想不起她当时到底说了些什么，因为之后鲁校长的讲话让她记忆更加深刻。鲁校长在给新生们的讲话中，介绍说刚刚发言的向洁在刚入学时和他们一样青涩懵懂，但经过了两年的学习，各方面都得到了提高，并说如果向洁愿意，南洋学院的大门向她敞开，欢迎她留校工作。当时的向洁和台下的同学们一样震惊，一样觉得不可思议，这个邀请让向洁有一些措手不及，也正是这一次发言的经历成了她人生中的一个转折点。毕业时，她选择了留校工作，希望自己能为母校做些什么，也希望自己能和南洋一同成长。

用心做事　大胆创新

留校初的她成了一名辅导员和团委干事，当时的学工处何卫华处长对辅导员们的工作要求十分严格，管理得非常细致。刚从学生转变成老师的向洁很不习惯，就觉得自己作为学生时看待“把每一个学生都当作自己的孩子”这句话，很暖心，殊不知当自己变成了这个要把每一个学生都当作自己的孩子的实践者时，身上却有重重的责任与担当。这也是身份转变后“南洋精神”让她体会到的新含义。也正是何校长对她工作的严格要求，让她在刚入职场时就养成了沉下心认真做事的职业习惯。遇事要懂得分清事件的重要紧急程度，学会利用好时间、精力去高效地做事。

留校后的向洁不断成长，从辅导员、团委干事，到校团委副书记、学生科科长，再到艺术设计学院党总支副书记、副院长。向洁动情地说道：“我每走一步都离不开引导我、帮助我的领导和同事，更离不开支持我的学生们，我无时无刻不想着要用自己的行动来感恩母校带给我的一切。”

2013 年，微信等新媒体快速发展。当时作为学生科科长的向洁，觉得学生思想教育工作总是让学生被动地学习、开主题班会，用什么办法才能让学生主动地参与到思想政治教育当中来呢？她抓住了微信公众平台并联系自己以前的所学专业，创设了“厦门南洋学院学生部微信平台”（现为南洋官微“南洋 e 家”，微信号：nyxgc123）。

平台以“紧跟时代节奏、内容让学生喜闻乐见、接地气”的新颖教育形式，得到了全校师生的广泛关注，特别得到了当时校党委施水成书记和学工部李振杰部长的大力支持。与此同时，她和工作伙伴还利用微信平台，打造无纸化会议，实践于校团学代会等学校大型会议。在大家的共同努力下，该平台于2014年10月被教育部思想政治工作司、全国民办高校党建研究会评为第三届全国民办高校党的建设和思想政治工作优秀成果“特等奖”，2014年7月又被厦门市教育工委评为厦门市“十佳党建品牌”。2014年6月12日，《厦门日报》以《南洋学院学生工作挺进微信时代》为题对此进行了报道。

鹰击长空　不负韶华

“是雄鹰就应该搏击长空，无论走到哪里，我也不会忘记南洋教会我为人处世的道理和态度。无论遇到什么挫折，我都会用南洋精神继续鼓舞自己不断前行。”这是向洁对母校的感恩，也是对南洋精神的诠释。

谈起南洋，向洁无不动情：不管身处何处，厦门、南洋永远是我内心最关切的地方。我忘不了南洋春天教学楼前木棉花的娇艳似火，南洋夏天黄山路上凤凰花的金黄灿烂，还有南洋秋天百果园里的硕果累累，南洋冬日里的那一抹“南洋蓝”，更不会忘记与她青春相伴的南洋时光。

感恩南洋，助我成长

本篇为张鹏的自述。

鱼知水恩，乃幸福之源也！从懵懂无知的那个少年到现在成熟的我，南洋学院就像母亲一样，给了我最美、最值得回忆的家。

百果园、绿树、青草、校园湖构成了一幅美丽的画卷，空气中到处弥漫着浪漫的气息，我就是在这里成长、成熟的。老师的教导，同学的关怀，失败的磨炼，成功的喜悦，就像电影一样，我在我脑海里把自己的经历串联起来，映像在眼前，心中激荡着对母校无限的眷恋。

2015 级旅游管理专业　张鹏

从无知走向成熟，从失败走向成功，忘不了你们和风细雨般的话语，荡涤了我心灵上的尘泥；忘不了你们如春风般的叮咛，鼓起我前进的勇气、给了我莫大的力量。于家宏院长和团委书记杨瑞华老师，他们谈吐得体，宽容待人；他们的信息紧跟时代步伐，超前的思维、分析性的引导，如黑夜中的明灯，给我指明前行的道路；他们有求必应，倾囊相助，深受学生爱戴和敬佩，我同样受益匪浅。辅导员项义芳老师有爱心、耐心，能够积极帮助需要关心的学生，在我心中是一位合格称职的辅导员，这三位老师是我大学生涯的启蒙老师，是我从自卑到自信的指路人，也是最终让我在社会上能稳住脚跟的引路人。

大学生活丰富多彩，加入社团让我对外界的接触更多，让我出社会之后对待一些问题可以迎刃而解。印象最深的是在学校参加晚会的筹备、志愿者服务，参加三下乡活动，我真正领悟到大学生活一半在学校一半在社会，学会做人做事的道理。

社团活动锻炼了我的组织能力和团队合作意识。在校园晚会的筹备、策划、组织的全过程中，作为组织者，我感悟到了一个领导者应具备的素养、能力以及如何"弹钢琴"，当各组以完美的执行力和极强的协作能力，分担各自承担的职责，完成前期各项准备工作的时候，当晚成功呈现给全校师生的时候，当同学们给予好评的时候，当所有参与者露出久违的笑容的时候，那种辛劳与付出都有了价值，同时也让我看到了团队的力量，在大学能有一回这样的经历，展示自己的才华，让我回味无穷，终生不忘。

回想大学生活里参加的志愿者服务活动，每当为服务对象做些力所能及的事情并得到真诚的微笑与感谢的时候，我都会想到塞缪尔·厄尔曼《青春》一文中的话："青春不是年华，而是心境，青春不是桃面、丹唇、柔膝，而是深沉的意志，恢宏的想象，炙热的感情，青春是生命的深泉在涌流。那何不趁青春做回志愿者，让你的一句问候，一个微笑，温暖更多的人，也让自己收获更多的快乐呢？"

"三下乡"社会实践活动，让我第一次在读书期间走出校门、融入社会，也让我第一次真正理解"纸上得来终觉浅，绝知此事要躬行"的含义，当我踌躇满志地以为能以所学知识帮助到他人的时候，却在诸多问题面前显得那么不自信，这对我的触动很大，也让我更加珍惜在校学习的时光，闲暇时间我会阅读大量的课外读物，积累知识、积累能量，以便更好地回馈社会。

我非常怀念自己的大学生活，无论是遭遇曲折还是赢得胜利，我都会用一颗平常的心去坦然面对。因为我知道，只有懂得生活的人才能领悟人生的真谛，微笑着去生活，生活也会对你报以微笑。把每一个平凡的日子，梳理成诗意，用微笑将生命点亮，远离生活的阴霾，明媚向暖，如此，才能接近幸福。懂得生活的人，能领悟到花的娇艳；懂得友爱的人，能领悟到他人心中的芬芳。一个人的成长，离不开朋友的帮助与关怀，把友谊留在身边，无论走多远，他依然拥有蔚蓝的天空。我很高兴自己在大学中能结识那么多的良师益友，是他们，在我失意、迷惘的时候，如冬日的暖流，给我清新的思想，无尽的力量。朋友不在多，而在于真心交往，缘分不在万千，在于坦诚相见，是他们，让我感觉到了集体的温暖、团结的力量、真挚的友爱。“人生得一知己足矣，斯世当以同怀视之”，我会珍惜所拥有的友谊，用真心去浇灌友谊之花，让它盛开在我的心灵深处，让流水冲走一切烦恼，让真诚加深我们的情谊。

没有生存的压力就没有前进的动力，人有时候都是被逼出来的，厌倦了无所事事的生活，就会鼓起勇气奋力前行。或许是因为在大学期间遇到那么多的良师益友，我感到自己始终在爱的包围中，但在现实生活中，刚刚步入社会，职场如战场，我遭受了不小的打击。在学校，老师可以容错，可以循循善诱、谆谆教导，职场却少有人指导你怎么去找寻不足，为你指点迷津。毕业一年来工作换了多个，我感觉一事无成，静下心来，回想老师的教诲：不论从事何种工作，都要用心，不怕吃苦、虚心求教，低调做人，持之以恒。这些给了我莫大的激励，从此，我自加压力，选准奋斗目标，找准方向，勇往直前。辛勤园丁挥洒心血与汗水，莘莘学子必将展翅高飞；优美校园铸就二十年辉煌，崭新校园再耀无限光辉。回望来路，情深意长。感恩我的母校给我人生新的起点，感恩恩师的辛勤耕耘和无私教诲。有些时光过去很久不曾忘记，有些回忆存在脑海不曾褪去，有些朋友总在心里不曾走远，有些怀念记忆犹新，感谢母校恩师！

亲爱的南洋，好久不见

其实刚接到邀请，得知学校请他写点南洋校友感悟的时候，他还是挺抵触的。他觉得现在的自己还不够优秀。“南洋待你不薄，现在需要你尽一份绵薄之力……”他忽然觉得自己与母校分别太久太久，有些羞愧难当！

他说自己不是一个好学生，从小到大。进大学之前，他仅仅拿过一张“优秀自行车管理员”的奖状，得奖居然还没有受到的处分多；然而，大学毕业时，他却收获了包括体育的、文艺的、文学的甚至模特赛等满满一箱奖状、奖杯。现在回想起来，他发现南洋对他的帮助最大，他此时的光芒完全可以掩盖小学到高中的糗事。谈到这儿就要进入主题了，奖状从哪里来？是什么让他发生如此大的转变？答案是——学生会。

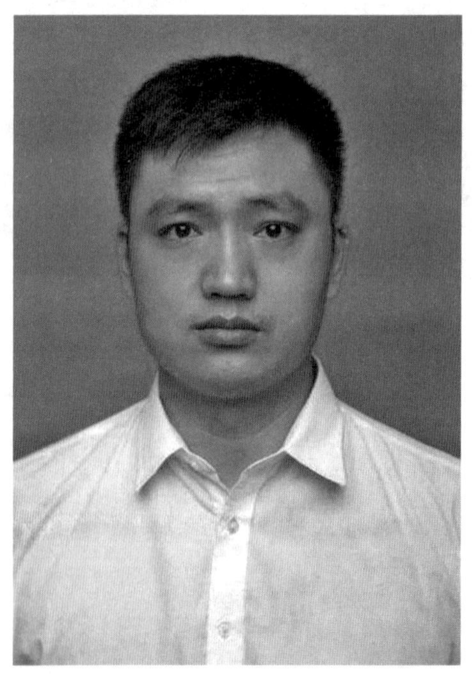

2003 级房地产开发与物业管理专业
卢志刚

提到学生会，一向低调的他顿时有了精神。那时候他担任的职务有：金尚校区广播站站长、体育部部长、院学生会宣传部部长、各种活动主持人（话说当年勉强能算个风云人物）……短短一行字，三年的苦与乐。这不禁又让他怀念起南洋的大学生活，心底发出想念的声音：亲爱的南洋，好久不见！

记忆中的南洋生活忙忙碌碌。每天睁开眼他就忙着整理广播站的播音稿，还有社团的各种活动、会议、计划等，几乎等同于他的上课时间（会议以及活动几乎都在没课或晚上时间进行）。用忙并快乐着来形容比较贴切。当时缺少活动经费，他就拿着一份策划书跑遍了校区附近所有的眼镜店拉赞助，最后争取到1800元的赞助费并成功举办了金尚校区第一届篮球赛。现在提起此事，他仍是满满的自豪感和成就感。而正是这些成就感为他重新树立了自信，成就了现在的他。

在南洋，他最想感谢班主任陈娟老师、体育部孙洋老师、广播站俞琳老师，在南洋的成长离不开她们的细心呵护与支持鼓励。那些与人交流的能力、工作处事的责任心、大胆创新的思维等都是通过学生会的工作一点一点积累而来的。感恩的话不多说，他内心的感激化作一句话：亲爱的老师，好久不见！

在校期间，学校花费了大量的人力、物力、财力为他们举办各种各样的活动、竞赛，以此来锻炼学生掌握各种书本上学不到而工作中又必须具备的能力，从而让学生更加全面地成长，更快适应社会。总结下来，亲爱的鲁校长，您还真是深谋远虑！

这些经历，对他来说受益良多。他希望各位学弟学妹们，好好珍惜大学生活，积极参加学校组织的各项活动来锻炼自己、充实自己。以后的工作生活会让你自豪今天的付出，感谢亲爱的南洋！

莫等闲，白了少年头

世间的一切都有缘分，就像当初在填写志愿的时候，他一眼就决定填写南洋这所学校，开始了自己愉快充实的校园生活。

在那几年的学校生活中，吴铭哲一直非常期盼工作后的生活，他想去赚钱，想去工作，想要一份事业。他不想做被长线拉住的风筝，想做那自由翱翔的鸟。所以在学校的时候，有的同学课余时间玩游戏，但他和别人不一样，做了很多别人没怎么经历过的事情。

2009 级电子商务专业　吴铭哲

吴铭哲帮学校门口的小吃店送过外卖，报酬是送一份有 0.5 元抽成，大概送了几百份，代价是整个人黑了 3 圈，瘦了 10 来斤。

周末他坐一个半小时的公交车去隔壁的小镇当手机促销员，第一份任务是牢背安卓系统 10 大危害，一天站 10 小时，最后一共赚了 1000 多元（还有 2000 多元被黑中介拿走了）。

在商场里他当过卖萌的人偶娃娃，半天工资 80 元，但热到差点中暑。大学期间，吴铭哲零零散散打过十几份工。

他用一台老旧电脑自学了 PS 和 AE 软件，做了一个《还珠格格》的拼接视频，找了舍友一起配音来吐槽“叫外卖的人，你伤不起啊”，最后它在视频网站上也曾有过百万点击量。

虽然又苦又没赚到什么钱，但他一直坚信这一切将是非常难得的经历和回忆。最重要的是，他在经历的每一件事情中都有所收获。

实习期间他本来和舍友们约好去一家电商公司实习，过完年再坐班车来学校，却收到他们取消这次招聘的消息，于是一群人还没开始实习就尝试了一次“失业”。

几经波折，好不容易一起找到了新工作，7 个人去一家在地下室办公的创业型团购网公司面试并全员入职。第一份工作内容是帮老板打扫他刚租到的、满是灰尘的地下室。第二天开始上班，公交车上他们笑称自己是“七个葫芦娃”，到了公司，老板说：“你们这是七剑下天山啊！”具体工作就是去跑业务。只是没隔几天，七剑就断了大半，只留下两剑，这其中的一把剑就是吴铭哲。

再后来，有一家汽车公司招聘客服，舍友们一起去面试，好几个人通过了。在打电话回家的时候，家里人只问了他一个问题：如果几年后，你想自己创业或者加入合伙公司，你确定在这家公司能有收获吗？只用 3 秒，他就明白了自己的选择，离开了那家公司。

经历很长一段时间的找工作无果后，有舍友甚至开始听从家里的安排回到了老家，而他投了多次简历后，突然想明白该找一家适合自己的公司。于是他把重点转移到一些互联网企业，最终很意外地进入了一家游戏开发公司，从此开始自己的游戏开发职业生涯。他从一个实习生做起，从一个只有 2 个人的公司做起，睡着 400 块租来的城中村顶楼简陋的出租屋，夜夜被热醒，但始终不放弃追逐自己的梦想。

直到工作后才发现，那些曾经以为没用的或者不经意学会的技能知识，在很多时候为他提供了很大的帮助。因为他会点图像处理软件，有些岗位他可以做的工作内容更多，因为他会做一些有趣的数据分析，所以他慢慢变成了部门的数据分析负责人，直到最后的部门负责人。

因为常写些行业分析的文章，他跳槽到深圳做一家媒体的编辑。因为写了一篇还算过得去的稿件，而后他因缘际会到了广州做发行，每天披星戴月，习惯了晚上 22 点下班的生活。就这样辗转过很多公司，他慢慢变成了自己想要成为的人。

吴铭哲说，自己并不能算是成功的，但也算幸运的——明白自己想要成为什么样的人，很多时候是件很不容易的事。学校的生活是所有人一生中最值得回味的一段时光，他也曾在当年3Q大战的时候对着楼下大吼支持360，在停电的时候对着女生宿舍唱单身情歌。所幸自己没错过这些荷尔蒙绽放的青春。他很早就明白，能为自己以后的生活多做一些考虑，多学多问，一定会让自己以后的人生路走得更加平坦舒适。最简单的案例是，他的很多朋友和同学，在毕业后辛苦挣扎，最后不得去培训机构自学程序、软件，而这些明明在学校的学习和生活中就可以接触到的，或者是那段时间里就可以完成的事情，他们却需要用毕业后的时光去弥补。

直到现在，他还常在后悔，倘若当初再多努力一点，现在的辛苦会变少一分，也会少走许多弯路。没有人永远18岁，但永远有人18岁，少年年少，未来可期，别辜负这鲜衣怒马的青春岁月。

感恩南洋，感恩魔都

如今回想两年前初入公司，多少次披星戴月的夜班，谢道育常与另一个部门经理聊起：“我不知道上海旭日东升的画面与厦门是否一样，鹅红的日出越过海平面，海风吹拂你的脸颊的惬意，那是只有‘家乡’才独有的气息。而在来上海后的日子里，在项目最忙的那段时光，我充分体验了魔都另一张柔情的面容，凌晨5点的上海脱去繁华的外套，显得尤为安静祥和。上海啊上海，总是用她不同的面容与状态吸引着我。”

2020年，谢道育带着240万元的业绩，带着直营与加盟的管理模式，带着从0到1的项目操盘经验，进入新公司，开始迎接新的挑战。他从品牌专员升到经理，再到后来的品牌总监。在茶余饭后与朋友谈起，他觉得自己太幸运了，从开始的选择专业到步入行业，一路总有很多前辈和同行提携。

2012级广告设计专业　谢道育

2020年是餐饮行业最艰难的一年，也是市场改革升级的一年。谢道育为自己做了2年的职业规划。在规划这件事情上，他一直认为，中国的市场变化得太快，5年甚至10年的职业生涯规划很难落地，不如2～3年来得容易兑现与量化。互联网的零售模式与奢侈品行业将是他未来2年的转型目标。

谢道育建议母校在做专业开拓的规划上，给未来的学弟学妹在广告这门专业课程中，增加一门“公共关系”课程。各大行业的发展，离不开“人”，不管是企业文化的建设，还是职场的项目合作，商谈与谈判技巧都是一门艺术，而这门艺术将不断被运用在广告的市场竞争中。

“总之，能有今日，感谢母校！”谢道育说。

机会总是留给有准备的人

凄风淅沥飞严霜，苍鹰上击翻曙光。南洋使他在人生迷惘中见到了曙光，正是有了这样的经历，才让他最终找到了方向。

青葱岁月　回忆若梦

许文益高中无心学习，高考的成绩不理想，选择到一家工厂上班。期间，学习心强的表哥一直劝他要继续上学，他听从表哥的建议，开始选学校，由于之前在高中时有南洋的学长学姐到学校发过招生简章，他印象比较

2009 级广告设计与制作专业　许文益

深刻，就填了厦门南洋学院。当时他对学校的了解仅限于知道学校的名称跟地址，后来他如愿收到了学校的录取通知书。常规的上课、下课、打球的生活从面试校学生会之后，变得有一点点不一样了，本来是陪好友去观摩，结果他被校学生会体育部选中了。

体育部的工作比别的部门要辛苦很多，除了组织好本部门该有的活动比赛之外，其余部门的活动也几乎都有他们的身影。指导老师跟学长们的细心指导，让像许文益一样的有为青年，知道了怎么去完成每一个从来没接触过的活动。

由于喜欢篮球，他此后也有幸加入了裁判组，这是一个很敏感且责任重大的职位。每一个细微的失误都可能引发他人的不满，裁判的经历让他懂得了：出了错，先微笑地面对别人的情绪，让矛盾最小化，才能更好沟通，才会更快地让事情得到缓和与解决。

许文益很庆幸加入了这个优秀的组织。它的优秀从来不是一蹴而就的，而是受环境文化的深深影响，是经过时间的累积沉淀而成的。一群可爱的队友，一起完成每一场活动，虽然大家也会有争吵，但几乎都是在互帮互助中度过了愉快的三年时光。平日里大家都会等团队忙完才一起出去吃饭，饭后的小湖畔、广场、篮球场，都留下了他们的欢声笑语跟嬉戏打闹的背影。

每个人都有自己独特的一面，但是他觉得艺术学院的老师们都是一样的温柔、亲切，从院长、副院长，到辅导员、科任老师，都是细心对事，耐心对人。好运不会单独降临，所遇的人与事皆是福，如果说进入校学生会是幸运的开始，那么，在专业上遇到的老师们无疑让这份好运走得更久远。他们的信任，让许文益自发为同学们去做一些力所能及的事情，遇到了问题，老师们也会教许文益如何去解决。许文益在自身的努力及老师们的帮助下，先后获得了先进个人、优秀学生干部、文明大学生等荣誉称号，还获得校第一届职业技能竞赛摄影项目二等奖、平面海报设计项目二等奖、海报（组合）设计项目二等奖，厦门市优秀广告作品评比活动平面公益类三等奖等奖项。

许文益谈道："记忆最深刻的就是老师们'强硬'的支持了。"大三时，有一个全校性的活动，每个二级学院组成一个方队参加，在动员大会上老师们直接指名由他来组织大家训练。每个成员都是各专业或者班级里的佼佼者，大家或多或少都有些不服的想法："我又不比你差，凭什么听许文益的?"经过几次失败的沟通之后，他无奈地向老师发出了求助信号，老师们耐心地对他进行开导，并且到现场帮忙指导工作，使得整个活动得到了圆满开展。时至今日，这件事仍令许文益十分感动！

以诚待人　人亦诚应

随遇而安的假象敌不过内心的流浪。而流浪，只是不甘于平凡的最初体现。

2013 年的夏天，许文益毕业，进了一家摄影公司，轻松的工作，微薄的工资，他安安静静地待到了 2014 年年底。期间很多同学无论是在技术，还是在职业岗位上都获得了巨大的提升，许文益内心的羡慕与不甘，波涛汹涌。2014 年年底，许文益终于与第一家公司结束了这一场时长一年半的“平淡恋爱”。

2015—2016 两年的路程跌跌宕宕，他辗转过多家公司，涉足广告设计、影视、公关、商业摄影等行业。许文益坦言：“一路走来，所遇之人皆是贵人。”。

2015 年年初，许文益进入一个影视公司进行学习，由于公司的经营不当，他在整整半年的时间内没有拿到工资。这期间的生活费都是找同一个朋友借的，而这个朋友竟是素未谋面的网友。他们最初只是在网络上互相调侃，只因为许文益半开玩笑半抱着侥幸心理地说了借生活费的话，那个朋友就给许文益转来了 1000 元的救助资金，而且没有要求许文益做任何保证或者抵押。在困境中得到的帮助是最让人内心触动的，这让许文益知道“性本善”不是一句只存在在课本上的话。在后面的工作中，有一位同样素未谋面的网友遇到了跟他同样的问题，由于囊中羞涩，他只支持了那位网友 500 元的临时资金。后来，那位网友经常会介绍一些有摄影需求的朋友来找许文益，这或许就是最大的回报吧。

2015 年下半年，许文益离开影视公司，时下一无所长的他很难找到一份相对较好的工作。摄影行业中的一位前辈，经常以人手不足为由邀请许文益去公司帮忙，在此期间还耐心地教会了许文益如何去处理商业产品的拍摄工作，让他有了混口饭吃的底气。跌跌撞撞中，另外一位上海回来的商业摄影前辈也经常会让许文益去帮忙，而他也在帮忙时认清了自己的位置与职责，尽力做好每一处细节，得到了前辈的认可。那位前辈甚至在毫无准备的情况下，让许文益上手操作拍摄，这无疑让他内心快速地摆脱了自认为技术不好的自卑想法。

2017年，许文益加入纳美文化，在纳美学习到了对待业务的处理方式及对待客户的真心与真诚，出现问题的解决方式与沟通方式。他真诚地对待客户问题并提出建议或意见。所有的一切，都让许文益明白，工作，做的不只是技术的利益回收，更是对人和对职业的一份情怀。当真诚被客户感受到，技术让客户看得到，他们的肯定与接纳，才是一家企业长久发展的硬道理。

随后，许文益确立了公关摄影的职业方向。接下来的几年，很多业内前辈和非业内前辈都在很多场合帮忙推荐与介绍，许文益深深地感受到前辈们的深厚情谊。若待人不诚，人何以诚待你？许文益一直很感谢这么多人长期以来的帮忙。他现在在同行眼中已经是进步相对较快的业内新人，近年来有幸多次服务厦门9·8国际投资贸易投洽会（任组委会新闻摄影记者），厦门思明区人民代表大会，厦门市纪委全体会议；长期服务建发、保利、融创、安踏、戴尔、八马茶叶、厦门水务等集团公司；多次参与董浩、田亮、孙楠、林更新、汪东城、黄渤、钟汉良、关晓彤、霍建华等公众人物来厦的商业活动拍摄；多次参与有省级干部，阿根廷、哥伦比亚等多个国家驻华大使，法国总理、芬兰总理等政要出席现场的高级会议的拍摄工作。

成长的经历让他有了深深的感悟：倾材足以聚人，量宽足以得人，身先足以率人，律己足以服人！

认准方向，执着前行

“南洋学院注重多方面培养学生，不仅是学习能力，还有爱好特长。”

——蒲俊杰

在校期间，蒲俊杰担任了乒乓球协会会长，他的专长得到了更好的发挥，并大胆策划组织了多次乒乓球比赛，而且还培养了多名乒协爱好者，还到校外兼当教练勤工俭学，这些都得益于学校给学生提供了平台，让学生大施拳脚，人尽其才。

2011 级旅游管理专业　蒲俊杰

在自身能力成长方面，他当了两届的军训小教官，协助部队教官带新生军训，从实践中提升了责任心，养成了坚韧不拔的性格，培养了自己的管理能力与交际能力。同时在指导新生时，他也不断暗示自己要起带头作用，这种自我暗示也成了日后他工作中的一种自我激励的方式。

他目前在厦门航空金雁酒店工作，南洋与本酒店有着校企合作关系，2014 年时他作为应届毕业生，进入酒店实习。刚开始他是在餐饮部当服务生，脱离了学校的呵护，没有了固定的休息日，面对的是桌碗瓢盆，琐碎重复的工作令他想到放弃。受委屈的时候他最想回学校和老师们诉苦。但是，作为学校酒店管理专业的学长、小教官，想着曾经自己带着的学弟学妹，他暗暗下定决心不能却步。他自己明确了目标，要想有个立足之地，一定要有一个大平台来展示自己，靠自己一步一个脚印来完成；一定要带有正能量，能多做的事情就去多承担，要相信一分耕耘一分收获。

学校安排的实习很快就结束了，他以优秀实习生的身份留在了酒店担任餐饮预订销售代表。在工作中他常要与各楼层进行沟通与协调，并且准确无误地传达信息。协调能力得到了锻炼，他也能熟悉各楼层的工作流程。他在沟通上能够更好地抓住客人心理，提升客人对酒店的满意度，为酒店带来更好的效益。

从校园进入社会，从家里进入酒店，他们一定要经历实习这个磨合期，他们仅靠在校园学到的知识不能应对他们在社会中遇到的各种错综复杂的问题。通过这次实习，他学到了很多课堂上学不到的东西，仿佛一下子成熟了，懂得了做人做事的道理，也懂得了学习的意义。他清楚地感到了肩上的担子，看清楚了自己的人生方向。他懂得了：对工作要有多问的精神，不管遇到什么事都要多思考，多听别人的建议，不急不躁，要对自己所做的事负责。

2016 年，他开始担任餐饮部领班，在校期间的社团管理经验，使他在这个职位上更加得心应手。2017 年他进入了营销部担任市场经理一职，负责团队会议及酒店各项销售工作。

接待会议活动中印象比较深刻的是，一次全国青少年打击乐比赛福建省选拔赛和厦门某证券承接总公司的会议活动同天举办，而且都是他负责。一边是规模极大、参赛选手（尤其是青少年儿童）众多（达到三百余人）的比赛，另一边，参加会议的领导来自全国各地，会务方各层领导都非常重视。几天下来他都是吃住在酒店，从对接负责人、协调场地、对接信息到接待客人入住均全程参与以及跟进，对会务方的疑问一一解答，并对会场台型、休息区能快速画草图进行合理分析，让会务组一目了然，大大提升了工作效率和配合度。

保证会议活动正常开展是酒店的职责，确保活动顺利进行体现的是酒店的能力。在比赛开始前的布场阶段，他还认真检查了舞台的平整性以确保打

击乐器能稳固摆放，细致地将布场方案与现场布置进行逐一核对。在主办方到酒店进行确认以及准备调试设备时，现场已经按照预先方案布置得丝毫不差，大大节省了时间。为了保证隔音效果，不影响另外一个会议进行，也为了小朋友的活动区域的安全性，他每天在会场调试，进行场地的改善，最大限度地保证会议顺利进行。这令主办方深受感动，对酒店的认真负责以及服务的专业性赞赏有加。

就是在这种认真严谨和一丝不苟的工作态度之下，两个会议活动都取得了圆满成功，参赛者们也对本次比赛环境和整体水准把控赞不绝口。主办方负责人送来了锦旗表示感激。时刻履行着自己作为酒店工作者的职责，这是学校老师也是酒店领导传授给他的信念，时刻想客人所想，忧客人所忧，努力创造一个更好的比赛环境；这种负责的态度，不仅是酒店人应有的专业素质，更是酒店人展现出的服务精神。

“人生之理何处觅，母校教会益于行。”母校是创新者的天堂，是智慧者的摇篮，教书育人，桃李芬芳，这是蒲俊杰对南洋学院求学经历的感悟。毕业后他也多次到校参与校企合作的宣讲，尽自己一份力，给母校更多应届毕业生多一个选择的平台。看着一张张青涩、充满朝气与希望的面庞，他相信母校会培养出更多优秀人才。

不负韶华的优秀学子

时光飞逝，记忆带她穿梭回2008年的夏天，那对她来说是个憧憬美好未来的关键时间点。高考即将如约而至，大家都在埋头拼搏着，期望埋藏在心里的梦想，能在指间飞舞中成为现实。从小向往大海与蓝天的她，早已在心中埋下飞翔的蓝天梦，于是乎，她填写高考志愿时义无反顾地选择了位于海滨城市厦门的南洋学院，也由此扬起了她梦想启航的风帆！她，就是2008级旅游管理班的秦雪丽。

2008级旅游管理专业　秦雪丽

厦门南洋学院，是她人生历练的起点。2008年9月，她带着满心的欢喜和期待，踏上了离家的路，来到了她向往的城市，来到了她选择的学校——南洋学院。那时的南洋学院有三个校区，她被分在了金尚校区，说实话，当时的金尚校区和现在的南洋学院比起来可是天差地别的，但是，不管怎样的环境，她当时的想法是，这是她独立成长的第一步，无论遇到什么困难，她都要坚持下去，突破自己。就这样，她开始了大学的第一课——军训。说到军训，这算是南洋学院的一大特色，它设置小教官管理模式，以优秀学员带队训练，互相鼓励，共同进步，很自然地营造出一种轻松而有趣的氛围，学生得到磨炼的同时，也增强了团队合作的默契。为此，在入学的第二年，她也坚定地选择加入小教官训练营，磨炼自己、突破自我，探寻未知的自己。在她看来，这是她学生时代的美好回忆，也是漫长人生成熟路的起点。

两周的军训时间，在欢声笑语中很快画上了句号，但多彩的大学生活才刚刚开始。军训结束后她被重新分配到了新校区，也就是现在的南洋学院翔安校区，那时的学校虽说才刚刚开始建设，但有很多与教学以及学生业余生活息息相关的设施设备，应有尽有，足以丰富她的大学生活。她个人是旅游管理专业的学生，为了增长阅历，为了磨炼自己，她在入学的第一天就告诫自己，迈出自己的舒适圈，涉猎更多专业以外的领域，以便充实自己，丰富业余生活。为此，她加入了英语社团、模特队、乒乓球社团、志愿者协会。她坚持深扎志愿者奉献的大家庭，从一开始的被动服务，到后来的主动策划，统筹全局，志愿者协会不仅给了她奉献爱心的机会，更让她重新认识了自己，也让她认识了人生路上的一群好伙伴。青年志愿者协会是校团委的隶属部门，除青协以外，还包括了新闻中心、校园管理中心、思政建设中心等八个部门。这是个庞大的队伍，想要让它井然有序，实属不易，所以此处不得不提到她的恩师，也是当时团委的负责人——向洁老师，她是南洋学院的风云人物，也是伴随秦雪丽一步步成长的良师。她除了要统筹校团委的学生工作，还要帮忙辅导学生参加各种与专业相关的大赛。就拿她自己来说，她是旅游管理专业的学生，她参加过厦门市高校导游大赛以及福建省海峡职业技能大赛，向老师就是她的辅导老师。她记

得那届比赛高手云集，除南洋学院以外，还包括厦大、集大在内的十几所高校，说实话当时她真的没有太大信心，但在向老师专业而严厉的辅导下，她一步一步地闯入决赛，最终以高分打败她的劲敌，夺得了冠军。可以说，向洁老师是她学生生涯的良师益友，也是她人生路上的指明灯。

步入社会后，一切与学生时代不一样，没有了熟悉的环境，没有了相互帮助的同学，也没有了谆谆教导的老师，一切从零开始，她开始了职业生涯。从学校毕业后，因为是旅游管理专业的学生，她做过导游，做过酒店前台，也参加过航空公司面试，虽被录用，但最终因个人原因选择放弃。在放弃航空公司工作机会没多久，她人生路上的关键点出现了，也就是她现在的工作单位——厦门规划展览馆的招聘，经过面试，笔试，层层筛选，她最终被录用。在厦门规划馆一待就是八年的时光，这里有延续，有成长，也让她安定下来。规划馆是做展示展览的，作为解说员的她们，虽说看起来轻松，但也需要积累和历练。记得她第一次解说，那是青涩的记忆，她抱着自己专业是旅游管理，又参加过大赛、获过奖的得意心理，很快把讲解词死背下来，她盲目自信地开启了第一次接待，开端都很顺利，可越到后段越力不从心。因为一场有质量的讲解，不是自说自唱、没有互动的，每一次接待的来宾都是带着问题来参观的，在讲解过程中会向解说员寻求解答，所以光是死记下来，讲解质量将大打折扣，没有意义。规划馆，从字面意思简单来说就是厦门的过去、现在、未来的规划，而从深层次来挖掘，它是历史记忆的百科书，承载着厦门的百年记忆；它是城市更新的复刻录，存留城市的发展痕迹；它是未来的穿梭机，让你领略未来的巨变和未知的惊喜！所以，想成为一名合格的解说员，不是简单应付就可以一劳永逸的，更不能存在得意和侥幸心理。想要搞懂规划，就要不断学习，翻阅历史丛书，掌握规划历史背后的故事，同时也要跟上时代节奏，关注当下规划动态，掌握城市发展资讯，等等，这一切的一切都是不断积累和学习的过程，也是成长为合格解说员的过程。她依然在努力着，期望不负内心的初衷，实现远大理想。

时针继续摆动着，前方的道路上依然荆棘重重。秦雪丽说，她想告诉亲爱的学弟学妹们，没有谁能随随便便成功，请保持随时随地学习的态度和决心，不断积累，不断前行，展望美好的明天！

致敬母校，扬帆起航

光阴似箭，日月如梭，母校迎来了20年华诞！忆往昔母校的一草一木，老师的一眸一笑，仍记忆犹新！而如今，母校已经发生了翻天覆地的变化，高大气派的校门，宽敞明亮的教室，干净整洁的校园，目及之处，除了亲切感，还有一番全新的气象。

2007年8月23日这一天，我来到了南洋学院。第一次离开家门，来到了厦门，对即将到来的大学生活充满了憧憬。犹记得当时从金尚校区到翔安校区辗转了两个半小时，心中按捺不住的兴奋早已把舟车劳顿和夏末的酷热抛在脑后。父亲陪我办理了入学和住宿手续，等到一切就绪之后已是傍晚时分，我和父亲来到了食堂。熙熙攘攘的食堂热闹非凡，来自五湖四海的校友有说有笑。当时父亲还点了一瓶酒，一边怡然自得地喝着，一边语重心长地叮嘱我好好珍惜读书时光。第二天清晨，还没来得及见一面，父亲已经搭乘早班校车回市区了。而我也知道，全新的大学生活开始了……

2007级国际贸易专业　林伟

入学军训那段时间，经常听到校园广播一曲《有没有人曾告诉你》，歌者的旋律打动了多少学子的心，没有人可以告诉我们未来的模样，只有我们自己才可以决定自己的未来。短暂的军训之后，我们开始了学习生活。在第一学期的时候，我通过考核和面试进了学院记者站，在鲁小卉老师的带领下报道校园里的各项活动。我也在课余时间参加了文教园四所大学共同组织的创业大赛，在团队比赛中获得了二等奖，同时在书法比赛、校运会中也获得了一些奖项。毕业后，我深知学无止境，即便离开了学校，也不能离开学习，于是在工作之余通过自学考取了集美大学工商企业管理专业的本科学历。

我自己喜欢运动和旅行，我一直觉得人应该去旅行。这里引用一句让我挺有感悟的话："人生是一场独自的修行，谋生亦谋爱；人生的旅途中，大家都在忙着遇见各种人，以为这是在丰富生命，可最有价值的遇见，是在某一瞬间，重遇了自己，那一刻你才会懂得走遍世界，也不过是为了找到一条走回内心的路；有的路，是用脚去走，有的路，是用心去走，走好自己选择的路，别选择好走的路，才能拥有——真正的自己。"

大学听的第一堂公共课是"先做人后做事，得人心者得天下"，一份在课堂上发放的材料依然保留在我的书房，鲁加升校长在课堂上给新生分享的人生感悟，我一直铭记于心，它一直鼓励着我！如今我除了做进口酒类贸易，还参与舞蹈培训机构和数字金融的投资，我也很乐意与志同道合的校友携手并进，共同发展。梦想在南洋启航，有如南洋校徽的雄鹰一样展翅飞翔，在这特殊的日子，我向母校致以最诚挚的祝福，愿母校永铸辉煌，桃李满天下！

我的青春在南洋

我是2015级会计与审计专业的一名毕业生，我叫吴亚慧。大学毕业有两年了，时间过得真的很快，有些诗写给昨日和明日，有些诗写给爱恋，有些诗写给从来未曾谋面，但是在日落之前也从未放弃过的理想，而我，则想写给我如诗的青春——我的南洋。

无忧无虑

2015级会计与审计专业　吴亚慧

大学校园是无数学子的梦，那里有春的温馨、夏的炽热、秋的丰实、冬的浪漫，有着被岁月洗刷过的建筑，有着被时间验证过的真理。那里的林荫小道，那里的鸟语花香，那里的精彩激昂，无不充满着吸引力。

步入大学，我的人生也踏上了最美的旅程。对一切都好奇的我来说，什么都想试一下。那时的我对身材无所谓，不会化妆，不会打扮，依旧参加了校模特队。对策划一窍不通的我也鼓起勇气参加了艺术团，体育更是不擅长，但我也加入了体育部。你问我有后悔去南洋学院吗？我想说没有！南洋真的教会了我很多。在经历很多之后，我自己有了深深的体会：思想是一切行动的指南，升华自己才能为以后的人生路打下最坚实的基础；学习是一生不可松懈的自我增值，只有不断地学习，才能跟上时代的步伐，去创造、提升自我价值；用心感受生活，正视生活中的百态，创造属于自己的生活。谁都想变优秀，变成老师眼里的好学生，我也一样，那时的我真的很想努力，但是根本不知道怎么努力。对模特有着美好的向往，我却长着被朋友们“嫌弃”的大象腿。大学让我一直都很忙碌，学习之余的时间几乎都这样被瓜分了。但是，在社团里，和别人一起工作的日子是快乐满足的，我懂得了什么是团结合作，学会了怎样去和工作伙伴相处，在能力上也得到了锻炼，就这样，我和别人一起认真努力地工作着，有付出，也有收获。这也让我更加坚信一句话：一朵孤芳自赏的花只是美丽，一片相互依衬着而怒放的锦绣才是灿烂。

挑战自我

大二的时候觉得小教官是一个挑战，我就去了，带排的时候真的辛苦，但是看着自己的“兵”一点一点地变得优秀，那种欣慰难以言状，是真的很开心。我会心疼他们在阳光下的暴晒，会生气他们的玩闹、不听话。为了锻炼自己的能力，我参加了校学生会的竞选，也很荣幸竞聘上校学生会副主席兼艺术团团长，忙碌并快乐着，感觉自己真的长大了。大学期间我也兼职，面对一天150元的工资时，我觉得好开心，自己会赚钱了，虽然真的很辛苦。可能缘于双子座的两面性，我面对熟人可以活蹦乱跳，跟个疯子一样，但是面对生人时就胆怯，没有在舞台上走秀时的自信，没有在开会时井井有条的样子。在外面兼职时，我一开始什么都不敢。但毕竟一回生二回熟，慢慢地，我认识了很多朋友，大家一起接活动。慢慢地，我觉得自己找对了方向，从接礼仪到后来做车展模特，越来越自信，腰包也越来越鼓了。

自强不息

大二开始，我就不向家里要零花钱了，感觉自己真的长大了。但是再丰富的经历加上再努力的自己，踏入社会都会有迷茫期。我学的是会计与审计专业，家里也帮我安排了个工作，但是我并不想这样平淡无奇地过，不想要机械化的人生，后来朋友建议我试下空中乘务员，我一下慌了，我并没有任何经历，也不是这个专业的学生，简直就是一个“小白”，心想：只能硬着头皮试试了，能留在厦门生活，我还是很开心的，也方便回南洋看看。没想到没有任何经验的我居然面试上了，感谢南洋给我的自信与教我的一切。空中乘务员算是我从小的梦想，但是我从未奢望有一天可以梦想成真。去培训的日子真的很辛苦，每天都在学习新的知识，我发现工作并没有自己想得那么轻松，比高中还要劳累。但是为了成为一个优秀的自己，为什么不逼自己一把呢？5 个月的魔鬼训练结束了，我通过了 21 门考试。起初我认为，乘务工作只是端茶送水而已，是一种体力劳动。但是，接触了这份工作，我才知道这份工作更重要的是靠心灵去感受。乘务工作是一种心灵的艺术。现在我已经飞行了 8 个月了，依旧记得刚开始时的紧张、憧憬、小心翼翼，几乎每一天都在学习，跟着每一个哥哥姐姐，学习他们好的工作方式，总结自己的不足。还记得师父带飞时对我的谆谆教诲，使我逐渐意识到一名乘务员的使命和责任，明白了沟通的重要性，用心去服务，调整好自己的心态。时间过得很快，我慢慢适应了每次早出晚归的生活，感受快乐与辛酸。这个光鲜亮丽的背后，承载着亲人的牵挂。春节无法与家人团聚，以及飞行前一天的高度紧张导致的失眠，疫情的爆发将我的工作节奏彻底打乱。作为山航的一员，我真的很想为公司出一份力。我毫不犹豫地报名去前线工作，我觉得只要国家需要我，我会第一时间站出来，这是我身为一名乘务员的职业使命感。在任何情况下都尽量避免给别人造成工作上的负担，遵守上级有关部门所颁布的规定，这就是对奋斗在第一线的工作人员最好的帮助。

我真的很感谢南洋，我能做的就是成为更优秀的自己来回报南洋。

那年，那事，那人

光阴荏苒，岁月如梭。转眼间，杨少远已经毕业15年了，恰逢母校20周年校庆，这不禁让他思绪萦绕，感慨万千。那年、那事、那人历历在目，恍如昨日。

2002年的9月，他离开自己的家乡，来到了美丽的滨海城市厦门求学。那时的厦门南洋学院还在尚未开发的小村落——何厝，大学的校园与我幻想中的湖畔、大树、吉他声似乎相差甚远，当时的校区仅有一幢教学楼、三幢宿舍楼，操场还未完全建好，那时的场景和自己心里对大学的美好憧憬形成了鲜明对比，心里不免有些失落。

2002级工商企业管理专业　杨少远

不过学校是“麻雀虽小，五脏俱全”，地处市区，离美丽的环岛路又近，在这样的校园中，学习生活还是有滋有味的。每个学科的学习，让他扎扎实实地掌握专业知识、技能，他为进入一个知识的殿堂而兴奋；为筹备校运会，杨少远和一群同学每天早上到环岛路晨跑锻炼；打完球回来，一群人排队等着冲凉；每天早上听着“南洋之声”广播起床；小卖铺里美味的烤香肠和茶叶蛋，多年后仍让人留恋；丰富多彩的社团活动让人无限回想，他还代表学院参加暑期“三下乡”社会实践，参加辩论赛，尤其难忘；关灯后宿舍八个人躺在床上侃大山；临考前他和同学每天晚上在阅览室复习功课；寝室里舍友的脚特别臭，大家一起想办法让他远离困扰……有太多美好的回忆，珍藏在他的脑海中。没错，这就是年少时，这就是校园生活的回忆。

2004 年 10 月，他在学院第二届学代会上当选为总院学生会主席。经常代表学院参加各类活动，使他和厦门其他兄弟院校的同龄人联系得更紧密，也让他的能力进一步得到了提升，这就是社交与沟通带来的收获。那时候，有人认为做学生会主席很是风光，只有他知道这背后的辛勤、汗水、委屈，也正是这样的锻炼，让他在思考问题的时候更加全面和理性，让他在面对问题时更加自信，让他在处理问题时更加认真和谨慎。他在服务同学、服务学校的过程中得到了锻炼、获得了成长。他在学校里不仅学到了文化知识，还学到了做人的道理和做事的态度。

2004 年年末，学校整体搬迁到吕岭。那时的吕岭还属于城乡接合部，离市区很近。寝室的住宿条件好了，六个人一个房间，有独立的卫生间、洗澡间，寝室里有热水，有网线，有自己的衣柜和写字台。校区小，大家每天都是踩着上课的铃声直接冲到楼下的教室里上课。一开始大家都挺不适应的，慢慢地，人多起来，周围的生活氛围浓起来了，大家也开始适应这样的生活。大学就像一口大熔炉，同学们来自五湖四海，各种口味和性格放在一起，调出来的味道五花八门。大学又是一个趣人趣事多的地方，各种稀奇古怪的事情都会发生，让人感叹生活的多姿多彩。大学时代有许多值得我们留恋的回忆，岁月把不愉快的故事冲刷掉，只给我们留下美好的回忆，更留下青春的记忆、少年莫名的哀愁、岁月的变迁。

2005 年 6 月，他毕业了，被留在了学院的设计艺术分院上班。刚开始他发展得不是很顺利，但母校一如既往地关心他。学院领导经常关心他的工作，吴香珍老师还经常打电话问他的工作情况和生活情况，开导他，安慰他，陪他渡过了难关，走出了低谷。经过了几年的努力，结合在母校所学的专业知识和学生干部工作的锤炼，现在杨少远就职于一家拥有上千名员工的户外用品公司，担任高层管理的职务。

杨少远说，南洋学院给他的不仅是丰富的知识，更是精神的涵养，还有大爱的包容和理解。那年、那事、那人，人只有在失去时才懂得珍惜，回想起曾经大学的时光，逝去的光阴，如今再参加校庆活动，他感慨万分，充满感激之情。20 年仅仅是一个开始，若干年后的今天，在向下一代述说曾经的故事时，请告诉他这样的学校很值得你去回忆、留念、感激。

南洋教会我成长

王一名说，选择南洋是她人生中最值得骄傲自豪的事，因为她的人生在母校的九年时光里润物细无声地改变着！

2003 年，王一名来到南洋学院。大学期间她在金尚校区是班级的团支书、“9927” 广播站的副站长、校团委文体部部长。他们 2003 市场营销班是一个非常有爱的班集体，她当时为了锻炼自己的胆量，会积极主动地参加

2003 级市场营销专业　王一名

学校的活动，每次参加比赛时两间宿舍的女生都会一个不落地去为她加油，她获得名次时她们比她还高兴，她们之间没有嫉妒，没有比较，有的都是满满的鼓励和祝福，以至于这份最纯真的友谊一直延续到现在。还记得毕业那天，她们说等年龄大了找一个有山有水的地方建一栋楼，大家一起对酒当歌忆青春年华，想想这是多美的画面。班主任孙洋老师也给了她很多的帮助和指导，她记得孙老师每次都要用回形针把同学的准考证、考试通知单一份份整理好，她从中学会了做事情要一丝不苟。在金尚校区学习的校友们肯定知道“9927”广播站，它是俞琳学姐带着她们一起创办起来的，学姐把她所有的碟片都贡献给了广播站，她也是非常有能力有创意的，每周都会策划一个主题活动让同学们参加，广播站的多样活动也为她们的大学生活增添了许多乐趣。那时她和站长卢志刚、技术操作罗建分在一组工作，每天下午他们都会坐在一起讨论第二天要播报的内容，记录下每段内容后要播放的歌曲，第二天播报完，学姐都会给他们反馈信息，指导他们怎么样会做得更好。她觉得学姐就像太阳一样。她当时想她以后也要像学姐一样有能力，有满满的正能量，就这样她和广播站一起茁壮长大。大二的时候她通过一首清唱歌曲：韩红的《天亮了》，以最高票数竞选上了校团委文体部部长，当时的指导老师就是吴香珍老师，吴老师鼓励校团委成员一起参加校春节联欢晚会，在她的鼓励下她和李国友、高俊杰一起努力参演了2004年学校春节联欢晚会，那是她第一次参加大型的文艺汇演，当时非常紧张，现在回想起来，真是满满的青春记忆。

2006年毕业时，大学的这些经历帮助她顺利地留校做一名辅导员兼楼层管理员，留校的第一年由于自己的角色没有转换好，导致威信不足，但楼层管理员的工作做得很出色，第二年就只让她负责楼层工作了。她很沮丧和失落，现在看来错误是最好的学习机会，她把握住了，当时她经常请教何卫华校长、鲁波老师、王华勤老师，还有一些同事，自己要怎么转变角色，要怎么树立威信，他们都会很耐心地教导她。到了第三年她又重新带了一个新的班级——08会计3班，她掌握了带班的技巧和方法，08会计3班开创了学校办学以来的很多“之最”，国考每科平均通过率80%以上，流失率为零，大三的时候宿舍的内务每天还能像军训时一样整齐。当时受何校长和林峰老师的推荐参加全校“讲文明，树新风”的演讲赛，她以多第二名0.01的成绩获得了第一名，那真的是一次难忘的经历。留校的第四年，她被调到校团委负责爱心协会的工作，在她的管理下，爱心超市在全市的评比活动中获得了第二名的好成绩。在工作的六年里，何卫华副校长、鲁波老师像对待自己的孩子一样关心她成长，给她成长和学习的机会，在江维一老师的帮助下，她还收获了美满的婚姻。

告别母校的那一刻，她又开始了另一段学习旅程，学习怎么做一位母亲，学习怎么做家庭教育的传播者。离开母校，这八年的时间里，她从未停止学习和传播的脚步，八年里她跟着国内外著名的老师学习，取得了一些资质的认证：美国正面管教资质家长讲师、美国正面管教资质学校讲师、美国正面管教资质“解密青春期”讲师、国际认证鼓励咨询师、国际认证婚姻鼓励咨询师、儿童入学成熟水平诊断咨询师、TTT 情商讲师、儿童礼仪讲师，等等。目前她在中科院儿童心理学专业在读研究生，上个月还申请了欧洲心理学排名第一的学校的深造学习，八年里她帮助许多家庭解决了各种各样的养育问题，接下来希望可以帮助更多需要帮助的人。她和孩子一起成长，做一个人格完整内心富足的人。

梅花香自苦寒来

郑明利出生在陕北榆林一个普通的农村家庭，父亲是一个普通商人。虽然出身平凡，但在小时候，他心中一直有个梦想——走出去，长大后能有一番作为！

他就读小学时，由于父亲生意失败，全家人曾度过一段非常艰难的时期。那些灰暗的日子让他终生难忘，但它带给他的并不是挫败与消沉，相

2008 级音乐教育专业　郑明利

反，一颗坚强的心在越挫越勇中慢慢成长起来。

对他来说，选择南洋其实是一个偶然。从陕北千里迢迢到厦门，可以想见，家里的经济状况成了他最大的障碍。然而，他一天也没有忘记过心里的那个声音："走出去!"最终，他还是克服种种困难，坚持选择南洋，来到了福建厦门。

作为一个北方孩子，初到南洋，到美丽的沿海城市求学，他的心里满满的全是期待与激动。他一直深深记得开学仪式上鲁校长的讲话："我们南洋不是一流品牌大学，但是我们是一流的培养人才的地方"。在南洋求学期间，这种自力更生、自我突破的精神，是他最大的感触，也给了他最大的激励。

也正是在南洋，他收获了第一次创业的机会。

郑明利在南洋就读的是音乐教育专业，所以毕业时他首先选择在琴行工作了一段时间，一年后，也就是 2013 年，机缘巧合，他和南洋学院的一位年轻老师合伙创办了一家策划公司。与别人相比，他的创业之路相当顺利，对此，他深深感恩。

在开办这个策划公司的第二年，郑明利又创办了星艺艺术培训中心。同时经营两家公司，这样的日子，他坚持了三年，一直在不断突破自我，努力成长。

2016 年，郑明利离开了最初创办的策划公司，开始第三次创业，也就是创办了天音汇巨演出器材有限公司。天音汇巨主要从事大型演出活动的设备租赁技术服务业务，曾为张信哲、薛之谦、小沈阳、陈慧琳、郁可唯、曾轶可、金志文、贝贝、陶喆、李荣浩、胡彦斌、梁博、刘惜君、黄雅莉、反光镜乐队、林志颖、华少、唐艺昕、蔡依林、马苏、钟欣桐等艺人的演出服务过。创业之路必然是辛苦的，然而，风雨中他无悔，他认为自己学到的也更多。他对公司的期许就是继续前行，努力走向专业演艺一体化公司。

在南洋 20 周年校庆之际，他说："我特别感谢来到南洋，感谢这里的每一位老师，每一位给我帮助给我力量的人。希望我们的学弟学妹们能更加努力，将南洋精神发扬光大。"

不经历风雨，怎能见彩虹

我曾经跨过山和大海，也穿过人山人海；我曾经拥有着一切，转眼都飘散如烟；我曾经失落失望失掉所有方向，直到看见平凡才是唯一的答案

——题记

2009 年 9 月 4 号，我踏上了枣庄开往厦门的火车，经过 36 小时的长途跋涉，我见到了我的母校：厦门南洋学院，那个激动不已以及对未来充满憧憬的自己依旧历历在目，转眼间过去 11 年，我的母校已经建校 20 周年了。祝福母校桃李满天下，凤凰花开时，我在南洋等你。

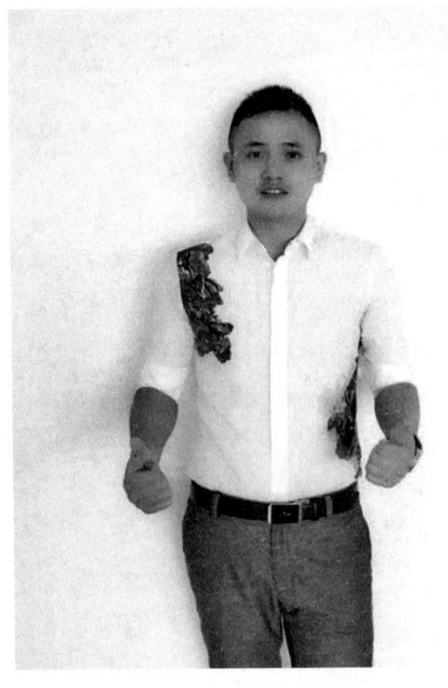

2009 级国际经济与贸易专业　张璇

2009 年 9 月 6 号入学手续办齐后，我开始了我的大学生涯。大学生涯的第一晚我开始了我的规划：竞选班干部为同学们服务，进入学生组织锻炼自己，等等。我当了 3 年班长，把班级管理得井井有条，我是班导心中合格称职的小助理，作为校

学生会主席的我，开展了丰富多彩的学生活动。我是指导老师心中引以为豪的得力干将，因新生入学报到时间较晚，我错过了大学的军训，但是一年后的我，以小教官的身份重新完成了军训，15 天的小教官训练，15 天的带新生军训，让我体会到了军人的纪律性以及顽强的毅力。在小广场汇报演出时，我带领新生团队拿到了优秀方阵表演一等奖，在那一刻，30 天艰苦训练的我笑得跟孩子一般。烈日炎炎下一起参加训练的小教官们培养出了战友般的情谊，为南洋学生组织一起努力奋斗着，学生会的生涯，让我从那个害羞腼腆的大男孩蜕变成有担当有思想的负责人，让我明白一个优秀团队的重要性。南洋学院第一届送老生迎新生文艺晚会，在我们校学生会十部一室的共同组织下，圆满完成，从最初我们这个想法的诞生到最终顺利结束，只用了短短一个月的时间，用新浪微博实时互动，以一种惊喜般的效果完成，给学长学姐们留下了一段美好的回忆，晚会圆满结束的那一刻，我们一个月辛苦的付出，是多么值得啊。

回想起大学生涯，我是如此幸运，学习到南洋“天天向上”的精神，领悟到低调做人、高调做事的处事原则，感恩与母校共同成长的 3 年美好时光。

毕业后，我入职万通运达（厦门）国际货运代理有限公司并工作至今。3 年的大学生涯荣誉满满，让我对自己第一份工作又一次充满了憧憬。2011 年 12 月 16 号，作为一名实习生入职，经过了漫长的 13 个月的磨炼，终于转正，我一不小心创造了集团转正时间最长的记录，真正成功的人一定会经历蜕变之路，从最初的职场小白到销售冠军，是我拼命奋斗的辛酸史。200 个客户，也许是别人几个月的拜访量，但我用了一个月就全部拜访完，并做了详细的笔记整理，为未来的工作打下了夯实的基础。很多人问我为什么这么拼，其实，南洋之鹰的精神（蜕变/改变）一直在我心中，2014 年去台湾总部学习，我是最年轻的销售冠军，3 年前我还在为转正惆怅，3 年后我站在了巅峰，因为南洋天天向上的精神一直在鼓励我前行，因为梦想是要靠脚踏实地的脚步去丈量的。

2019 年 5 月，我公司南美区负责人，身处异国他乡（秘鲁），我体会到了孤独的责任。随着新冠疫情的爆发，医疗物资的紧缺，我第一时间想到，我要为我的母校、为我的家乡贡献自己的一份力量。在得知母校疫情防护物资短缺后，我第一时间联系校友总会吴香珍老师，同时联系山东省慈善总会表达了捐赠意向并第一时间去秘鲁当地采购医用防护物资寄回国内，因疫情全球化影响，此次采购过程也是遇到了诸多困难。首先是货源问题，国外口罩资源也是很难寻找的，经多方协调，我花费大量时间和精力终筹集到了防护物资。其次便是物流问题，由于寄往国内的物资较多，我遇到运费上涨、航班紧张等诸多困难，快递无法正常运达，在多位热心人士的帮助下，最后全部解决，物资安全运达母校及家乡医院。从最初的想法，到顺利完成物资签收，虽与国内沟通交流存在13个小时的时差，但看到物资最终能抵达一线，能为母校以及家乡防疫工作贡献出自己的一份力量，内心的那种喜悦是语言无法表达的。

张璇与鲁加升校长（左）合影

作为一名“90”后，我是幸运的，生活在科技发展迅速的时代；作为一个农村走出来的孩子，我是幸运的；作为一个南洋人，我可以为自己梦想毫无保留地去奋斗，我是幸运的，天天向上的精神一直鼓舞着我前行，祝福母校20周岁生日快乐。

花若盛开，蝴蝶自来，人若精彩，天自安排。

你若相信，方可看见，中正自己，感恩遇见。

追逐梦想，脚踏实地更长久

陈铭权，艺术设计学院2017级广告设计与制作专业学生。他出生于福建泉州，出生时就被诊断患有先天性耳朵一级残疾，无法听清楚外界的声音。但他身残志坚，从小开始自学唇语，自学普通话，勤奋学习，热心助人，在残酷的命运与挑战面前，没有沮丧和沉沦，而是以顽强的毅力和恒心与疾病做斗争，经受住了严峻的考验，对人生充满了信心。他在南洋学院的三年时光身残志坚、发奋学习、刻苦求学，在老师与同学们的热心帮助下顺

2017级广告设计与制作专业　陈铭权（右）

利完成了学业。同时，他为了全面提升自己，在课余时间攻读了集美大学专升本的衔接课程；他为了缓解家庭的经济压力，大学三年以来一直参与各项勤工助学，用自信赢得了尊重，用毅力感染他人，用阳光温暖身边的每个同学，毕业后获得了校长特别奖荣誉。

有了梦想，放开歌唱好声音

2017 年 9 月，陈铭权被厦门南洋职业学院录取，就读广告设计与制作专业。他进入班级与同学相处时有些自卑，他连最起码的沟通都存在问题。大学课程安排比较紧凑、节奏比较快，他就读的专业有很多实操课程，开始时他感到无力、不习惯、茫然，但是他在任课老师和辅导员的帮助下，很快调整了心态，用手机和文字跟任课老师们沟通说明了自己的情况。知道情况后，各任课老师在后期的课程中特别注意唇语的表达，在课后关心他的学习情况，帮助他运用正确的学习方法。慢慢他建立了自信心，学习热情也上来了，在这一过程中他付出了常人无法想象的刻苦与努力，在课余时间加倍努力，找到了适合自己的学习方法。在班级他与同学关系融洽，在顺利完成专科课程学习任务的同时，还与宿舍同学一起攻读了集美大学衔接专升本课程，在提升素质的同时，也更加充实和完善了自己。

不要特殊，他是一个普通人

2017 年 9 月，陈铭权报到注册以后就申请了学校实训楼五层的勤工助学工作。每天课余时间他都帮老师们整理文件，打扫教室卫生，还积极参加学校组织的劳动教育、社区实践活动等，提高了社会实践能力，增强了社会责任感和社会适应能力。学校组织的劳动，让他明白了独立的重要性。受今年疫情影响，他无法按时到企业实习，跟家人商量后，他决定暂时在家里帮忙经营水果店。他努力工作，不怕苦，不怕累，对工作热情，责任心强，顺利完成了家人交代的工作任务。他总说他是一个普通人，不需要特殊照顾，要依靠自己的双手创造美好的生活。

脚踏实地，仰望星空更长久

他时时刻刻以品德至上来要求自己，待人热情诚恳，讲求诚信；他崇尚质朴的生活，平易近人，待人友好。他积极参加学校组织的各项活动，他的身影活跃在志愿服务、劳动课中，并且总是第一个到场，日常学生干部值班时总能见到他热情地为其他同学服务。他内心无比感恩学校领导、老师、同学给予的帮助。他说他出生在一个农村贫困家庭，从申请助学金到勤工助学，从一个胆怯的男孩到现在的从容，从专业学习遇到困难到现在重拾信心，这所有的一切都离不开学校老师给予的机会和帮助，他会脚踏实地，将来仰望星空，努力报效社会。

守得云开见月明

没有自缚的过程就没有飞翔的可能，没有坎坷的经历就没有七彩的人生，没有真正的感动就没有永远的成功，没有无悔的付出就没有辉煌的人生。厦门南洋职业学院 2000 级电子商务专业的学生朱坤彬在汽车销售这一行业创造了属于自己的天地。

他刚进入汽车行业时，很好奇，也充满了壮志雄心，但是他深知不管做什么事都得从最基础做起。可现实却令很多刚走出大学校园、急于做出一番事业的年轻人大跌眼镜，一名汽车销售员的日常是：拖地、洗车、倒茶水、

2000 级电子商务专业　朱坤彬

背参数、学技巧、练卖车。一段时间之后很多人都会退缩，认为这不是年轻人的奋斗天地，故而很快另辟出路。他也曾犹豫过，后来他勉励自己，不管在哪个行业都是如此，只要有信念、有追求、有努力，总会守得云开见月明。市场的蛋糕只有那么大，汽车销售的竞争很激烈，销售人员要顶着很大的压力，销售工作也很考验一个人的交际能力。认真踏实的做事态度、果断的做事风格，令他拥有了一支较强的销售团队。

并不是所有的车都能在沙漠中自由驰骋，但他驾驭的路虎做到了。通过自己的努力，他过五关斩六将，被聘为厦门新成功汽车集团捷豹、路虎品牌的总经理。2014 年，他通过全国汽车职业总经理（Development Dimensions International）测评，2014 年携厦门公司荣获捷豹路虎中国全国最佳服务经销商，曾荣获捷豹、路虎中国华南区优秀总经理、捷豹、路虎中国南区优秀销售总监、沃尔沃全国最佳销售总监、沃尔沃中国华南区销售冠军等多项殊荣。

当然，在销量持续增长的同时，他也将眼光瞄准了售车以外的更多事情。在他看来，进一步推动海西地区消费者对路虎的认知、让消费者更加深入地了解路虎的品牌内涵、打造一支更富激情与战斗力的团队，成了其下一阶段的工作重心。“除了卖车，我们将更侧重于品牌形象的树立，让消费者在买路虎之前，首先明白路虎到底代表着什么，这是不是他们所向往的生活方式。”他常说：“如果某个人仅仅知道有关路虎的一件事情，那么他希望这件事情是路虎的品牌精髓，因为它是路虎与消费者构建强有力的关系的关键要素之一”。“随着海西地区汽车消费的深入，作为最全能豪华 SUV 的路虎，也将获得更多消费者的青睐。”他的团队将始终致力于给路虎这个品牌作出更清晰的定位、明确它的方向，将路虎正面、积极、动人的形象，传达给更广泛的消费者。“我们希望，每当你要购买 SUV 或者你期望拥有一款 SUV 时，路虎就是你的终极选择。”为了这个目标，朱坤彬和他的团队已经开始了新的征程。

人间自有真情在

蔡志扬，现为海沧钟山派出所协警，是厦门南洋学院2002级旅游酒店管理专业毕业的学生，多次获得省、市、区级荣誉表彰。他大义凛然，一身正气，面对穷凶极恶的歹徒临危不惧，关键时刻挺身而出，即使负伤，也忍着疼痛将歹徒制服。

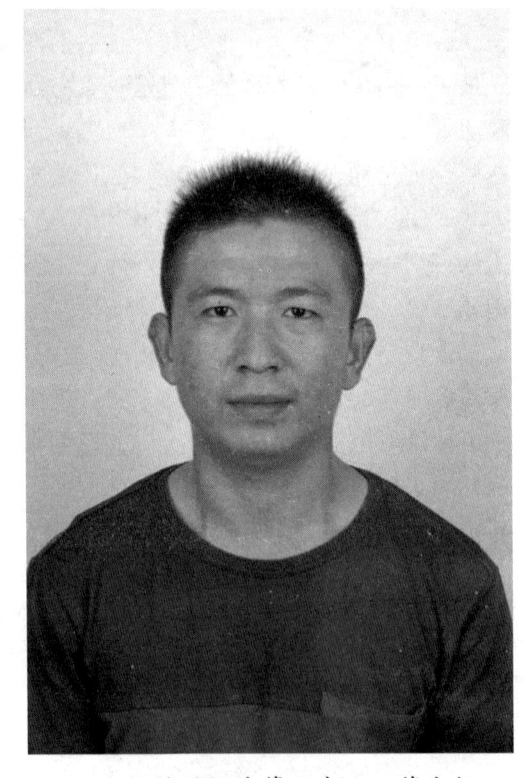
2002级旅游酒店管理专业　蔡志扬

2013年9月的一天，他正在家中休息。突然之间，门外传来一阵喧哗，有人在大叫："抓小偷！抓小偷！"他立即冲下楼，果然看到歹徒拿着刀挥舞，他马上冲了上去，将其中一人扑倒。另一边，还有一个市民被歹徒砍伤，倒在地上。眼看歹徒可能向倒地的人施暴，他赶紧设法激怒歹徒，将他引开。歹徒果然中计，朝蔡志扬追去。两人扭打时，身材瘦小的蔡志扬被打倒了，但他仍紧紧抓住歹徒的大腿不放。没想到，残忍的歹徒竟挥动长刀向蔡志扬砍去，足足有十来厘米长的伤口顿时鲜血直流。

幸好就在此时，围堵的村民陆续赶来，歹徒见状马上逃跑。

他顾不上伤口，又和随后赶到的群众一起追歹徒，最终将其中一名犯罪嫌疑人制服。此事之后，他因见义勇为，被录用为海沧钟山派出所协警。他也因此获评“海沧区见义勇为先进分子”。因被歹徒砍伤造成韧带受损，如今右手拇指还发麻的他接受记者采访时说：“以后遇到坏人，我同样不会放过他们。”

厦门南洋学院通过举办形式多样的活动加强对学生的法制教育和社会主义道德教育，努力增强他们的社会责任感、正义感和尊严感，大张旗鼓地宣扬先进人物见义勇为、英勇斗争的动人事迹，努力营造“见义勇为光荣、见义不为可耻”的校园环境氛围，有像蔡志扬似的英雄给人们带来的感动，但也有英雄流血又流泪事件给人们带来的心痛，更有未成年人盲目见义勇为而献身的事例，使人们在感动和心痛的同时开始反思。

“正义不是自然而然地降临到我们的生活中的，它需要每一个人的竭力维护。”蔡志杨说。

母校授她“勤”字诀

2004 级空中乘务专业　章卿

章卿，厦门南洋职业学院 2004 级空乘专业，2007 年毕业后留校工作，先后任学校党政办行政科员、团委副书记、机电信息学院副院长、建筑工程学院副院长、党政办副主任等职，现任学校后勤保卫处副处长。

她从浙北老家高中毕业到南洋学院就读，再从南洋学院毕业留校工作，转眼间，她已在南洋度过了 16 年，与南洋结下了不解之缘。

蓦然回首，走过青涩懵懂季，步入现实负重期，指引、支撑和激励她埋头苦干、不断前行的，是南洋“勤奋、求实、拼搏、向上”八字校训和“天天向上”四字精神。而她时时刻刻、事事处处一以贯之、身体力行的，则是一如校训“勤”为首的“勤”字诀。

勤奋苦读之首个无眠夜

记得当初高考时，她已被浙江广播传媒大学录取。但得知南洋学院可以就读空乘专业，她毅然选择了背井离乡，向南而行，并如愿以偿地考取了自己梦寐以求的空乘专业。那时她觉得天宽地阔、万般皆好。

大学三年期间，她一边积极地加入学校的各种社团，踊跃参加各类活动，一边严格遵守作息制度，勤奋认真学习。可很多时候因活动过多、分身乏术，课余时间都被社团活动“占领”了，她经常只能牺牲休息时间，挑灯预习复习，以免影响专业学习及考试成绩。

印象最为深刻的是，刚入南洋就读的第一学期，一次临近元旦正在筹办一场迎新年晚会，又逢期末考试期间，她的时间一时不知如何分配，感觉似有三头六臂也分不开身。那学期唯一一科专业课程考试前，她全无准备、毫无概念，又担心挂科，紧张得夜不成眠，干脆拿起书本悄悄地溜出寝室，找到一处自觉安全的路灯下，匆忙、仓促而又胆战心惊地看起书来。

夜至深，寒风冷，她也不知看了多久，转身竟然发现同室的仲英也正在一本正经地看书。她们相互传递了一个狡黠的眼神就算是打了招呼，然后，互不干扰。她们平时比较要好，也是几个社团的活跃分子，此时却一起“临时抱佛脚”。

凌晨一点、二点、三点……有了仲英的“陪读”，她似乎不觉得疲倦，就这样，直到天蒙蒙亮，她俩才心有灵犀似的同时回到宿舍休息。

这一整宿的复习，比高考备战有过之而无不及，第二天的考试结果也令她俩都满意。但更重要的是，这次突击复习、临阵磨枪，让她真正地通宵达旦了一回，让她真正地做了回“三更灯火五更鸡”的读书人，让她与仲英自此成了真正的好朋友。

从那以后，她对校训“勤奋、拼搏”也有了切身的体会与理解，更加深刻地理解了“时间是挤出来的”之真正含义。她似乎也习惯了挑灯夜战，进而在认真学习大专课程的同时，开始了本科课程的学习，直至顺利完成研究生课程的学习，圆满毕业。

假如有人问她南洋三年的大学生活给了她什么？她会毫不犹豫地回答，那就是南洋校训精神，教她勤奋，教她惜时，教她感恩和爱校，使她懂得了生活为何物，使她更加坚信：人生需要拼搏，幸福要靠奋斗，时间和情谊更要倍加珍惜。

勤奋工作之超“长”会务日

告别学生时代，得知留校消息，她欣喜万分，热血沸腾。特别是作为新校区的第一批毕业生，她有一种莫名的自豪与骄傲，暗下决心要为学校建设发展尽自己的最大努力，做出应有的贡献。

参加工作是人生的又一新起点，她秉持“勤快、多做、少说”的朴素想法全身心投入工作，心无旁骛，热情专注，很快就得到了领导的肯定和同事的认可，接连5年都被学校评为“先进工作者”。

回想10多年的平淡岁月与平凡历程，让她记忆犹新的是一场大型年会的会务准备与接待工作，那也是一场至今让她依然心生愧意、觉得时间特“长”的会议。

那是岁末年初时节，学校已放寒假，师生基本离校。她作为这个会议的主要接待与会务准备人员，心里也很羡慕已经放飞自我的同事，但仍要咬紧牙关坚持到最后。

那次会议安排在学校放假的第9天，校园里已难觅人影，她从早上5点开始张罗当天的会议。因为参会人员都是年纪较大的长者，她只能小心翼翼地迎来送往，生怕有些许闪失，毕竟他们都曾经是各单位说一不二、“叱咤风云”的主要领导，绝对要比接待年轻人员做得更加热情、周到，更加小心。

然而，百密一疏，在打印主席台就座的领导的名字时，她竟然将“未”字错打成了“末”字。当主持嘉宾介绍与会领导时，她无意扫了一眼，突然意识到自己的失误。刹那间，她满脸通红，耳根发热，两眼紧张得闪出了泪花，赶紧跑回办公室重新打印了一张，想等开幕式结束后换去错误的桌牌。

也许是紧张过度，也许是跑得太急，就在回办公室的路上，在蹬台阶时她的高跟鞋鞋跟歪了，脚顺力一扭，她疼得要命，又担心被别人看出，只能装成若无其事的样子赶紧回到了会场。万幸的是，开幕式已结束，此时的与会领导和嘉宾都统一被安排参观校园了，她可以稍显镇定地将桌牌换好，高悬的心总算安稳，但一天下来，她还是暗中祈祷开幕式的错误桌牌没人发现、没人在意。

说来真巧，这位领导是本场会议的重要领导，闭幕式时，他竟然被安排作总结讲话，此时的她，又像热锅上的蚂蚁，浑身不自在，唯恐他揭穿她今天的“洋相”。

正想着，这位领导就开腔了，他竟然点中了章卿的“命脉”，先说了题外话，原以为劈头盖脸的是指责与批评，没曾想，他在全场表扬了她这个粗心的会务准备人员，他说他早上在开幕式上发现错误桌牌，晚上就换上了正确桌牌，这种工作态度与工作精神值得表扬。那时的她，感觉疼痛的脚也好了许多。

这事虽已远去多年，但当时的失误加上疼痛难忍，使她永远难忘。如今想起，她都会不由自主地回味起那天的会议是多么漫长，多么难挨！那位领导的话，给了她鼓舞，给了她激励，更为她树立了说话艺术的榜样。那天的勤跑勤换，真有意义，不是白费。

世人常说，业精于勤而荒于嬉，一勤天下无难事。“勤”是方向，也是力量。放眼平生路，她要更勤学、勤问、勤干、勤思，心中永记“勤”字诀。